普通の人が億万長者になれる方法

CFネッツグループ創始者・実業家
倉橋　隆行

プラチナ出版

はじめに

「億万長者」とは、かつて「百万長者」といわれ、語源はミリオネア＝百万から来たものだそうだ。現在の百万ドルは1億3000万円程度だとすると、私が会長を務めているCFネッツの顧客の多くはこれに該当するし、この程度なら社員にも数名存在するほどなので、決して難しいものではない。

意外かもしれないが、その多くは普通の人たちなのだ。

この本のタイトルである「普通の人が億万長者になれる方法」というのは、かなりセンセーショナルで胡散臭いタイトルのように思われるかもしれないが、1億3000万円を超える資産をもっている人を「億万長者」とたとえるなら、上記の多くの人たちのように、ほんのちょっとした努力で億万長者になれているのである。そのノウハウを我々は持っており、これに基づいてこの本を仕上げていこうと考えている。

政府では「貯蓄から投資へ」というスローガンを掲げているが、これにより「積立NISA」の口座が増えているということだが、そもそも金融リテラシーを国民に教育するという話。しかしながら株式市場の動きは日本だけではなく、海外の投資家も参入しており、かつてのリーマンショックで大けがをした人たちが続出したことを考えると、私としては、どうもお勧めはできない。また、国民の預貯金を銀行から引き揚げさせてしまえば、金融機関も大きなダメージを受けることになる。昨今のアメリカの銀行を見ればわかるとおり、FRBの利上げによって債券市場が混乱し、大量な預金引き出しによって銀行が相次いで破たんしているのである。債券市場も株式市場も、現物市場と比較すると危ういようにも思える。それであれば、私の推奨する不動産投資で資産運用をするというのは、投資資金は銀行から引き出すが、レバレッジをかける段階で金融機関から融資を受けるわけだから、双方に利益をもたらすことになる。また国民の金融資産2000兆円をレバレッジをかけて10％で運用できれば200兆円の付加価値が付き、これは国家予算の約倍額だから、国も収税しやすくなるのである。私は、不動産投資は社会性の高い事業であると考えている。

さて本書では、「普通の人」が「億万長者」になれるという話であり、逆に「普通の人ではない人」はなれない、だから気を付けなくてはいけない、という話もする。さらに「普通の人」が「富裕層」に成長したら、次に資産保全するためにはどうしたらよいか、という話もする。

現在、年金問題や日本人の平均所得の減少、増税による可処分所得の減少、これに加えてスタグフレーションによる物価の高騰が大きな話題となっている。しかし、これらの問題は、少しだけ考えれば解決できるというのが私の考え方だ。

一般的な人たちには1億円を超える資産など夢のような話に感じられるだろうし、実際にそのような人との接点もないから、理解が不能なのかもしれない。私が若いときに思っていたように、経験則上、現実味のない話のように聞こえるかもしれないが、実は、私の著書である「お金に困らない人生設計」や「不動産投資成功の方程式」(朝日新聞出版社)の中には、大きなヒントが書かれている。

そしてさまざまな講演やセミナー等を通じて、このノウハウを断片的に伝えて来ており、私を知っている人たちは十分理解できているのである。

これらの手法は、住宅の購入から不動産投資、資産が拡大したら法人化などを進め、相続対策や事業継承などの手段を早めに実行して資産を次世代に引き継ぐというものである。単純なことなのだが、前述の多くの億万長者は、これを実行してきたに過ぎない。ただ、それぞれの分野を断片的に伝えてきたから、総合的に理解するにはすべてを学ばなくてはならず、理解できなかった人も多かったのかもしれない。ただ、私の著書や講演、セミナーなどに参加して、それらを理解して実行してきた人たちは、皆さん1億円を超える資産を、それほど難しい道のりではなく、手に入れることができているのである。

私自身も、サラリーマン時代、40歳になるまでの間に5億円程度の不動産投資を行っており、当初の計画では、60歳ですべてのローンの返済を終えるつもりでいた。年間家賃収入は、3000万円を超え、さまざまな諸経費を差し引いても、十分な生活ができる状況になり、ローンの返済がすべて終わった段階で、資産は

5億円程度作れたことになる。

これはそんなに難しいことではなく、普通にできた話なのだ。

私自身、多くの著書でお伝えしているとおり、大学にもいかず、最終学歴は専門学校卒である。高校時代はオートバイ欲しさにさまざまなアルバイトに精を出し、夜学のコンピューターの専門学校に進学しても、結果的にコンピューターのプログラマーの道には進むことはなかった。結局、アルバイトの延長線で陸送の仕事から、輸出の仕事に携わるようになり、そのまま個人事業主として働き出し、社会に出てしまった。本編でもお伝えするが、結局、その仕事もCOCOM規制（対共産圏輸出統制規制）により廃業せざるをえなくなり、その後、飲食店を目指すも、不動産業者にだまされそうになり、開業することもできなかった。どちらかというと普通の人ではなく、それ以下のスタートだった。しかしながら、現在では多くの不動産を保有し、多くの会社のオーナーである。

それは、すごく簡単なことに気付いたことがきっかけだった。

多くの人たちは、これに気付かないだけで、不幸になったり、貧乏生活を余儀なくされている。

これは、ほんのちょっとしたことなのである。

本書については、さまざまな前著のものとは違い、具体的に、その「ちょっとしたこと」を解説してゆく。この本を読めば「億万長者」になれるというのではなく、この本を参考に実行すれば、「普通の人が億万長者になれる」のである。

なお、本書の価格を1万円、いや3万円くらいにしようと思ったが、出版社の意向から引き止められて、この価格にした。この本には私の経験則上の「普通の人が億万長者になれる方法」を書かせていただいている。

本書は、必ず読者の人生を変える一冊になることを確信して書かせてもらっている。

したがって、本来であれば、この程度の代金が払えない人は、そもそも億万長者になる素養がないのである。

普通の人が億万長者になれるノウハウを、この本で学べることを考えれば、この本の価値は非常に高く、そういった意味で、読者に本書の価値を計っていただければと思う。

読者は、この本を手にしているのだから、まず一つのハードルは超えたことになる。

ぜひ、熟読して参考にしていただきたい。

そして、お金に困らない人生を謳歌していただくことを願っている。

目次

カバーデザイン　吉村朋子／イラスト　川田あきひこ
DTP　トウェンティフォー

1

まず、階層社会があることを知る

まず最初に、私自身が普通の人以下の社会人から始まったことの話をしよう。私の場合、ひょっとしたら、普通の人ではなく、落ちぶれた人生になっていたかもしれないことを、まずは解説したいと思う。なぜなら、本書の読者の中には、私が特殊な人間で、私だからできたという他の著書にありがちな、属人化した内容ではないことを証明するためだ。

私は、父親が公務員の家庭に生まれた。公務員の社会は、極端な階級レベルがあり、昇給試験や資格試験、業績向上などでは到底たどり着けない階級が存在する。そして権力者は、絶大な権力を持つ仕組みになっている。たとえば、上級公務員試験を受けて採用されたものと、一般職で採用されたものの地位は、最初の就職段階で格段に違う。それは、退職するまで、あまり格差は縮まらないばかりか、さらに開きができるようになっている。公務員の世界は階級社会があからさまであり、スタート段階で、既に格差が生じる仕組みなのだ。

階級社会、格差社会、これは疑うことのできない事実だ。

特に警察官や自衛隊等は、階級制度がはっきりしている。官僚組織なども、一緒である。また学閥などもあったりして、面倒くさいことこの上ない。

これは公務員だけでなく、社会全体に蔓延する学歴社会がもたらす偏重であり、まずは、ここを理解する必要がある。

これらからなる社会階層、つまり階層社会が形成されており、不平等と非難する人がいるが、残念ながら受け入れざるを得ない事実である。

私は小さいときから親の行動を見ながら、この階層について目の当たりにしてきた。したがって、それを理解した上で社会に出ることができたのが良かったと思っている。父親は、私が公務員になることを望んでいた。しかし、私はならなかった。もちろん大学に進学をして、上級公務員にでもなっていれば、上位の階層社会で普通の人以上の生活水準は手にできたかもしれないが、現実的には難しかった。ノンキャリでの公務員の生活には、何の興味もなかったから、結局、公務員にはならなかったのである。これは、私自身の話であって、読者の中には、ノンキャリの公務員の方が多くいるだろうから補足しておくが、公務員は、後ほどお話しするが、不動産投資には有利な展開ができる立場である。

また、高校時代にオートバイ欲しさに、散々、多くのアルバイトを行って、社会勉強をした。公務員以外に目標となる職業を探そうと考えたが、それは無理だった。そこで学んだことといえば、残念なことに、そこには尊敬できる人はおらず、このような人たちにはならないようにしようという思いだけが身に付いた。

図1を見ていただきたい。

このような形で、社会はＡＢＣＤという感じのランクで階層社会が存在する。この図を出して講演で話をしたところ、結構、多くの方から非難を浴びた。そんなことはない、それは弱者に対する偏見だという意見などがあったが、私自身、すべてのカテゴリーを経験してきたからはっきりと言えるのである。

Ａランクは富裕層レベルであり、おおむね５％の人たちだ。

図1　世の中には階層社会が存在することを知る

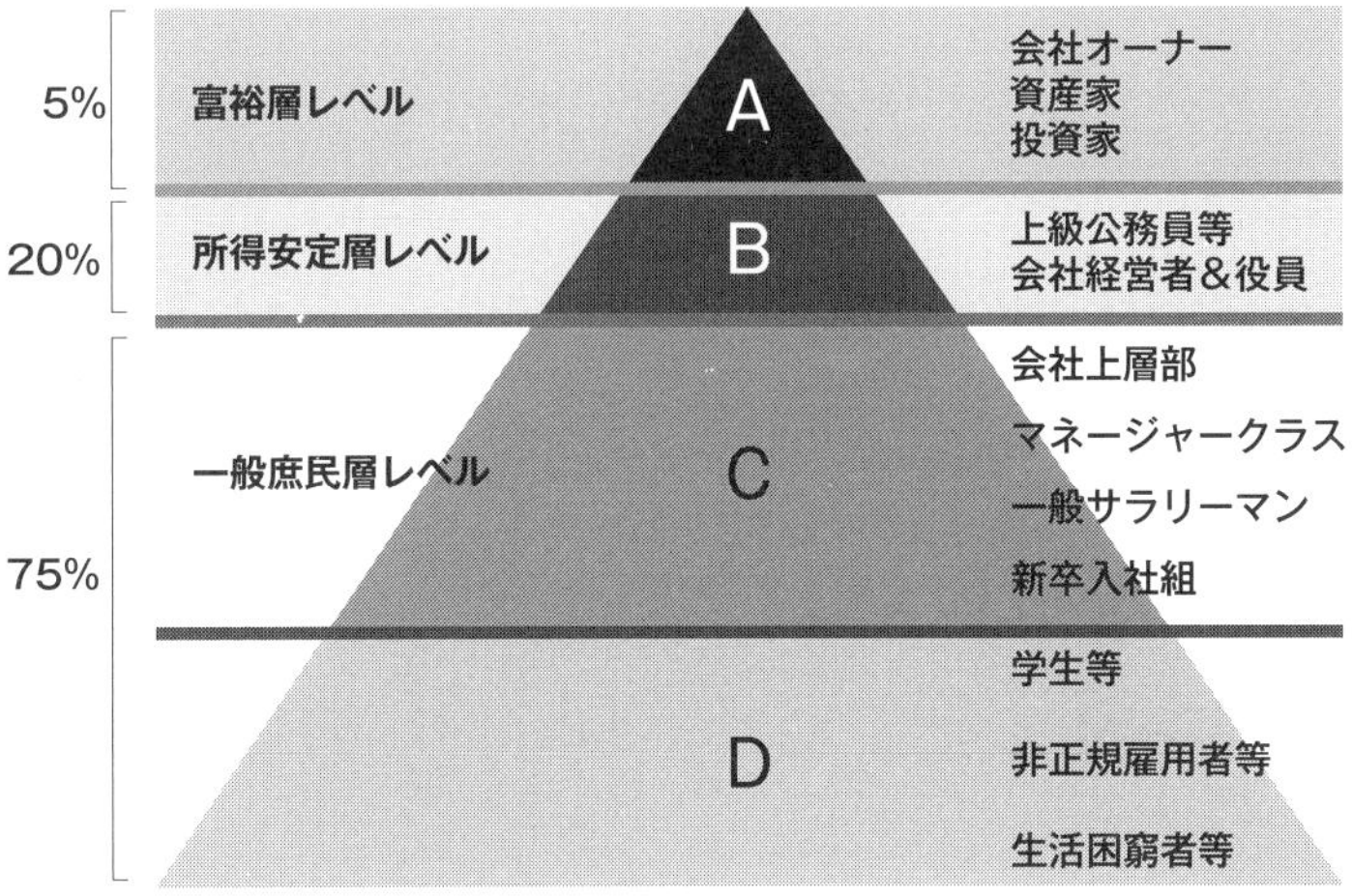

会社のオーナーであったり、資産家であったり、投資家であったりと、いわゆるお金持ちである。もちろん生活に困ることもないし、資産が資産を生む生活をしているので、時間的にも余裕がある。まれに社会性を感じて仕事をしていることもあるが、お金のために働いていないから、事業もさらに成功していたりする。

Bランクの人たちは、先ほどの上級公務員や会社経営者、会社役員等であり、労働的な対価を得るのではなく、経営的な立場でマネジメントを行うことによって稼ぐ、安定的な所得のある人たちだ。だいたいこの部分が20％程度だと考えている。

次に、いわゆる一般庶民レベルというのは、Cランクであり、75％程度の人である。ここの中でも、社会的に信用の度合いでCランク、Dランクに分かれ、Cランクの上部は会社の上層部やマネージャークラス、その次に一般サラリーマン、ギリギリ新卒入社組等だろう。

そしてDランクは、非正規雇用者等や学生など、さらにその下は生活困窮者である。

さて、この話を聞いて不愉快になった人も多いと思う。なぜなら、ほとんどの人がCランク、Dランクの人だからだ。しかしこの話を聞いただけで、気分を悪くした人に伝えたいのは、実際に世の中は残酷なようだが、これは事実として受け止めるべきだということ。詳細については、後に記述するが、Cランクの人はAランクを目指すこともできるが、残念ながらDランクの人たちは、Bランク、Aランクにはほとんどなれない。このDランクの人たちには「夢を語る」人たちが多く、実際には、その夢は実現しない。現在の姿は仮の姿であり、たとえば「俺はミュージシャンを目指している、そのうちメジャーデビューをするのだ!」とか言いながら、アルバイトや非正規労働者のままで一生を終える人。このような人は、私の高校時代のアルバイト先でも結構いた。職業に差別はないが、それはそれでいいじゃないか、と思われる方は「普通に億万長者」を目指すのは無理である。もちろん、中にはお笑いタレントやユーチューバー、芸能活動でうまくいく人もいるかもしれないが、それはほんのひと握りである。昨今、将来の夢がユーチューバーなどと答える子どもたちが増えているが、馬鹿げたことである。

後述するが、社会的信用力を身に付けないと、夢など実現できないし、資産も増やすことはできない。一応、私もユーチューバーであり「実業家倉橋隆行チャンネル」というのを配信しているが、これも、ある程度の立場があるから再生回数が増えたり、登録者が増えたりするのであって、簡単には商売として成立しないのがほとんどだ。

私自身は、高校時代にさまざまな経験をしてきて、この階層社会を理解した上で社会に出た。結論的には、アルバイトで携われるような仕事はDランクの仕事が多く、確かに無責任で気楽な仕事だが、自らの能力を試すような仕事にはならないのである。

実際に、学校でもこのようなことは教わらないし、事実は伝えられない。今までの日本は、国民総中流家庭的な社会構造の中で、あまり貧富の差が目立たないから、一般的には理解できないかもしれない。また、この事実を公に言えば非難を浴びるのはわかっているので、理解している人は決して口には出さない。

しかしながら私の経験則上では、この階層社会、階級社会は、あからさまである、ということを申し上げる。

なぜ、このようなことを非難を恐れず書き出したかというと、この理解ができないと、本書を読み進む上で障害となるからだ。そんなわけはない、そんなことを言ったら差別につながるなどと非難していたら「億万長者」になるという、そもそも貧困者との差別を目指すことなどできない。

差別化は、重要である。

世の中では、金持ち＝悪人というイメージを定着させている。マスコミやドラマ、映画などで金持ちの悪いイメージを刷り込んでいるから、そのようなイメージをもつ人も増え続けているが、私の知っている金持ちは、ほとんど良い人ばかりである。

私の人生はＤランクからスタートしているから、実際に差別を受ける対象だった。自ら起こした事業を廃業せざるを得なくなって、生活困窮も味わった経験がある。そして、その後、サラリーマン生活を14年間行ったこともある。つまり、この図でいうDランクも、Cランクも経験してきた。その後、Bランクも味わってきたが、いまではAランクに属する立場であると胸を張って言える。したがって、すべてのカテゴリーを経験してきているわけだが、読者の皆さんにも、私と同様なことをすれば「億万長者」になれるという話ではない。これは、私の属人化が影響されるので、本書の目的である「普通」な話ではなくなるのである。

次の**図2**を見ていただきたい。

この図は、先に書いたピラミッドを平面上に落とし込んだものである。

まず、横軸は金銭的な思考を表す。右にいけば金銭的な高収入、左は、これに比して低収入である。

先ほどのピラミッドに照らし合わせて見ていただきたいが、Cランクでも所得向上はあるし、Bランクでも高所得は得られる。この所得向上には、金銭的財産と知的財産が必要となる。

図2　積極的にやりたい仕事

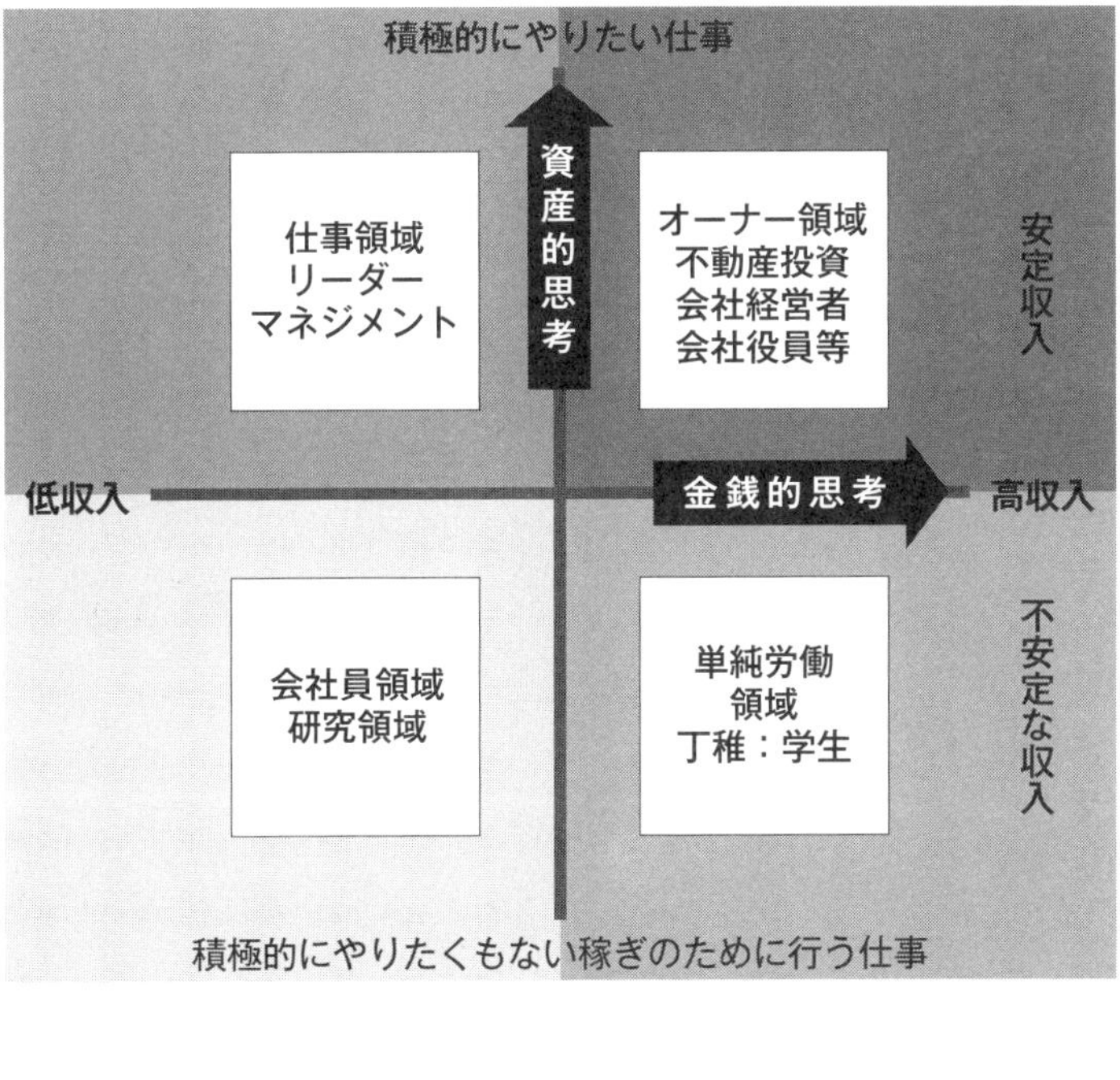

縦軸は、上に行けば積極的にやりたいことができ、下はそれほどでもないが稼ぎのためにやっていること。これは金銭的、あるいは知的な資産の思考を表すと考えてほしい。

これを金融機関から見たＡＢＣＤランクにしたものが、このような**図3**になる。

ここで、なぜ金融機関の個人の属性を説明するかというと、社会人になると信用力は金融機関の属性で表すことができるからである。たとえば、信用力のない人は、クレジットカードも作れないし、金融機関の融資も受けられないから、住宅ローンも組めない。生活に困窮すれば、高利の消費者金融で借りなければならないし、消費についても、常に現金を用意しないといけない。つまり、信用力がない人は、人生すべてが不利な生き方となってしまうのである。

まずＤランクであるが、ここは単純な労働領域であり、労働収入を中心とした職業に就くことである。私もこのエリアから社会に出て仕事をしていたわけだが、そこそこ収入も高く、無責任な楽しい人生が送れていた。いわゆる消費生活が味

図3　積極的にやりたい仕事

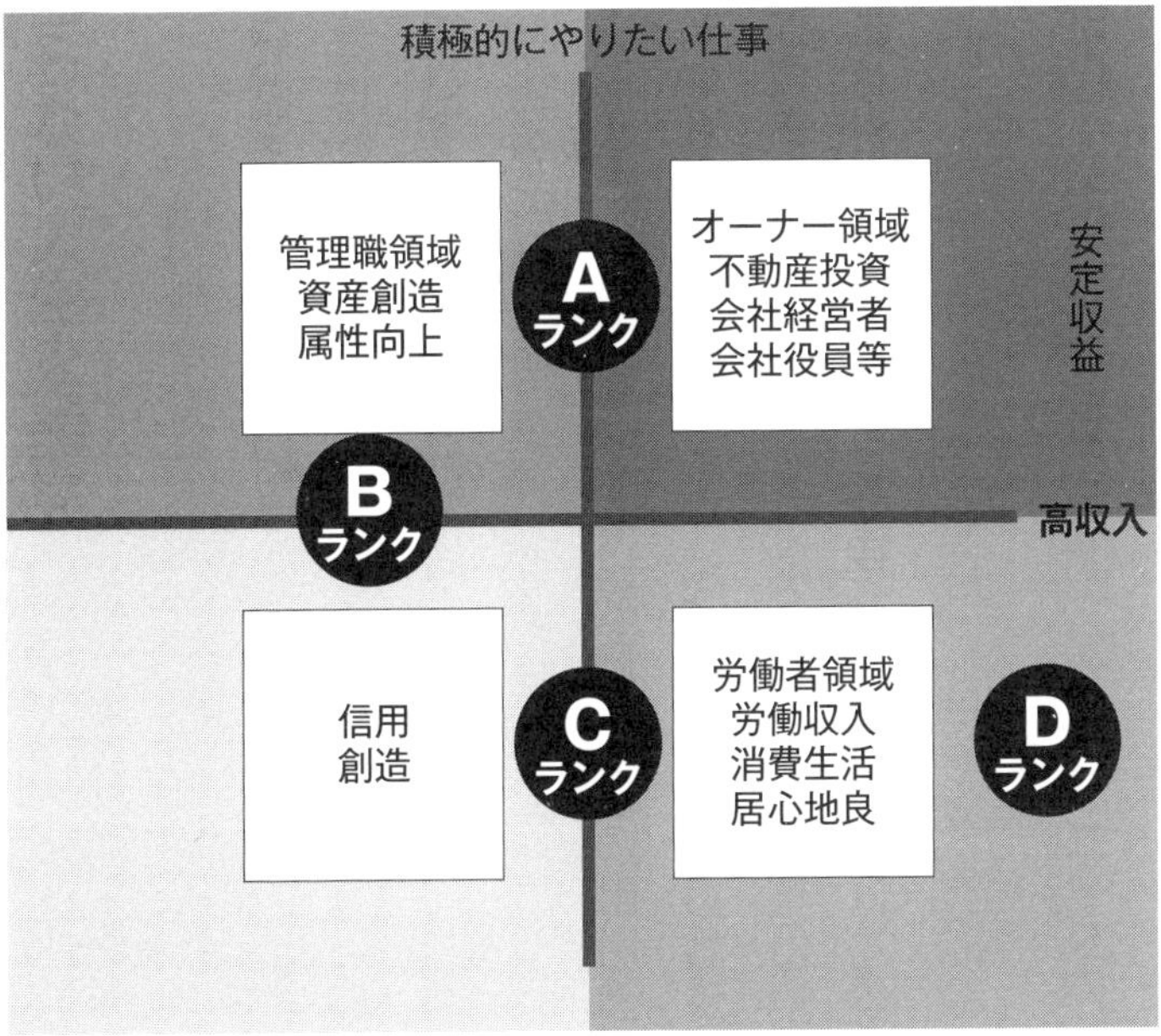

わえ、居心地も良い。友だち同士で食事をしたり、飲みに行ったり、遊びに行ったりと、なんとなく自由が謳歌できているように思うのである。私の場合は、このエリアの中で自営業者として独立し、そこそこの所得で満足もできていた。しかしながら、このDランクの場合は、金融機関からの信用は得ることができず、何かをやるときに信用力はなく、金融機関から融資を受けることもできない。たまたま知人からのアドバイスで信用金庫に口座を開設すれば融資が受けられやすくなるということを聞いたので、50万円ほど某信用金庫に入金しておいたが、かといって融資などは受けられそうになかった。実際、飲食店をやろうと考えていたときに相談に行ったのだが、単に面倒くさがられて融資などの話が進むことはなかった。そもそも、このDランクの職業は、不安定な職業であって、金融機関から見たらハンディキャップがある属性なのだ。

読者の中には、自営業の方もいるかもしれないので補足しておくが、自営業である程度の利益を得ているのであれば法人化しておくことをお勧めする。その法人の決算書によっては、Bランクにも Aランクにも成長させることもできるのである。

次にCランクであるが、ここはいわゆる新入社員とか、転職者、丁稚（でっち）のような研究領域に属するランクから普通の会社員の領域だ。多少、Dランクと比べると社会的信用力はあるのだが、いかんせん収入が低い領域。ここでも残念ながら低所得の場合は、金融機関からの評価はDランクに近いCランクであり、何かのときに金融機関から融資を受けようとしても、受けることが厳しい環境だ。すると、所得の低いCランクの人もDランクの人も、その領域の人は同じように思えてしまいがちなのであるが、大きく違う。

せっかくCランクでの新入社員が転職をする際に誤って、Dランクに移行してしまう人たちが多いのはこのせいである。特に高卒等の場合は友人にDランクの人が多く、せっかくCランクで就職ができたのに、遊び仲間の友人とかに引っ張られてDランクに移動することが多いが、残念だが成功する確率は低い。

本来、Cランクは、信用の創造をする場であって、Bランクに向かうべきなのである。

Cランクは幅広い。また多くの人が、ここに属しているわけだが、やはり収入に左右されたり、拘束時間に左右される。また、結構、立場的にも弱いから精神的にも逃げたくなることが多い。Cランクの人が転職してBランクで採用されることはないから、転職したところで、結局、Cランクの中でウロウロするだけなのである。昨今、転職サイトなどが誇大な広告をぶちまけているから、転職者数は増えているが、Cランクの人たちがBランクで採用されることはない。同じランクで移動するなら、実績のある現在の職場のほうが良いに決まっている。その職場でBランクになれば、他に転職してもBランクが確保されるというものである。もちろん新卒で選択を誤った職業についてしまった人なら転職するべきだが、30代の後半から先の人は考えるべきだ。また、言っておきたいのは、その場で活躍できないのに、転職したからって活躍なんてできないのだ。

Dランクには移れて収入も上がることはあるが、残念なことにCランクに戻れる可能性は低いことを覚えておいたほうが良い。

たとえば、当社には飲食部門があり、和食の職人を育てている。そう言っては何だが、飲食店の従業員はDランクが多い。実際に厚生年金や社会保険に加入していなかったり、その店で適正に納税をしていなかったり、所得をごまかしたりしているところもあるから、社会的信用力は低いのである。しかしながら当社では、会社全体の信用力もあるから、飲食部門のものも自宅を購入できたり、収益物件を購入できたりしている。つまり同じ職業でもCランク、あるいはBランクに属している。しかしながら、若い人は、これに気付かない人が多い。せっかく手に職がつきだしたにもかかわらず、退職してDランクの職業に転職したりする。それの多くは、友だちなどの影響である。前述したように、Dランクは、一見、楽しそうに思えるのである。仕事帰りに酒を飲み、賭けごとなどを楽しみ、宵越しの金はもたなくても、働いている間は、さほど苦労しなくても食っていける。

なにも苦労してCランクの仕事に精を出さなくてもいいじゃないかと思ってしまいがちだが、Dランク思考の人で成功した人を見たことはない。

私が社長をしていたときや、サラリーマン時代にマネージャーをやっていたときは、私自身、退職者、転職者を止めることはしなかった。なぜなら辞めるといった人間は、止めたところで、結局、辞める。私が経営する多くの会社の中だけで見ても、Cクラスの上位になって自宅や投資用のアパートやマンションを買って「億万長者」になっている人もいれば、転職してしまう人もいる。よく見てみると、思考回路が違うのだろう。

誤解されるといけないので言っておくが、それが良い、悪いとは言っていない。

その人、それぞれ人生があるから、その人たちを非難しているのではない。ただ、残念だがDランクの人は、本書の目的である「億万長者」にはなれない。Cランクの人は「普通の人」であって、Bランクを目指すか、Cランクの中で生息して立ち回るか、Dランクに転職するしかないのである。

つまりCランク（普通）の人たちには、可能性の追求ができる立場にいるという自覚が必要なのだ。

Dランクには、いつでも行けるが、Bランクに行くには、少々努力が必要だ。かといってCランクだからといって、Aランクに行けないということはない。ただし、Dランクの人は、残念ながらAランクには行けないのである。

ではCランクからAランクに移動する手段であるが、これは私自身が実践済みである。

まえがきにも書いたが、私がサラリーマン時代に5億円程度の不動産投資を行ったことを書いた。最初に自宅を購入したのが25歳のとき。その後、不動産投資を始めて資産を拡大してきたのであるが、この時期は、明らかにCランクの時期である。

2

普通の人でいられる方法

本書では、普通の人が億万長者になる方法を伝授するものである。したがって、普通の人でなくてはならない。そこで、私自身が普通の人でいられたことを書く。

たとえばDランクの生活を送っていると、だいたいの人は、一時的にお金に困ることがある。またCランクの人でも同じだ。そのときに、サラ金、いわゆる消費者金融からお金を借りる人がいる。これは絶対やってはいけない。なぜなら、金融機関は利用者履歴を見ることができるからだ。昔は、消費者金融と銀行とはつながりがなかったが、最近では、大手の銀行が消費者金融を傘下に持つようになったから、利用者履歴は閲覧できるのである。

普通に生活しているのに、お金に困って消費者金融からお金を借りるような人に銀行はお金を貸さない。

普通に考えればわかることなのに、何かのきっかけで安易に高利のサラ金からお金をつまむのは、絶対にやってはいけないのだ。

この時点で、Cランクの普通の人が、「普通」の人ではなくなる。

また、安易にローンを組んで買い物をして、その支払いを滞ったり、携帯電話などの利用料金を滞納したりするのも、絶対にやってはいけない。これも、信用情報が「普通」の人ではなくなってしまうからだ。

本書の「普通の人が億万長者になれる方法」というのは、裏をかえせば「普通じゃない人は億万長者になれない」ということなのだ。

ちなみに、私の経営する会社のホテル部門の社員が住宅ローンの申込みをしたところ、「総合的な判断」という理由で断られたことがあった。私に相談がきたのでいろいろ調べてみると、その社員、以前、携帯電話の督促状が実家に届いて、それを親が放置し、支払いを滞ったことがあったらしい。たったそれだけのことで、本当に住宅ローンが組めなかったのである。この履歴は、いつまで経っても消えない。すでに滞納額は支払われ、普通に携帯電話が使える状況になっても、信用情報は残ってしまうものなのである。

つまり、お金の前に「信用情報」というものが棄損してしまうと、残念な結果になることを覚えておく必要があるのだ。

ついでの話だが、クレジットカードも、あまり複数のものを持たないようにする。

たとえば、どこかに買い物に行って、さまざまなキャンペーンと称して、なんらかの「おまけ」欲しさにクレジットカードの勧誘を受けて作ってしまう人がいるが、これもNGだ。作って利用できる金額の総計で、その人の支払い能力を見られることがある。同様に自動車のローンなども、支払い能力の限度額から差し引かれることになる。

支払い能力というのは、当然だが、その人の収入からローンの返済可能な金額を試算されるわけで、収入がそれほど高くもない時期に支払い能力を減らす行為は控えておいたほうが良い。

私自身、Ｄランクにいたときには、たまたま自営業者で所得もあり、貯蓄があったから変な借入れもしなかったし、すべて現金で処理していたから「普通」でいられたのである（図４）。

図４　普通の人が普通じゃなくなるとき

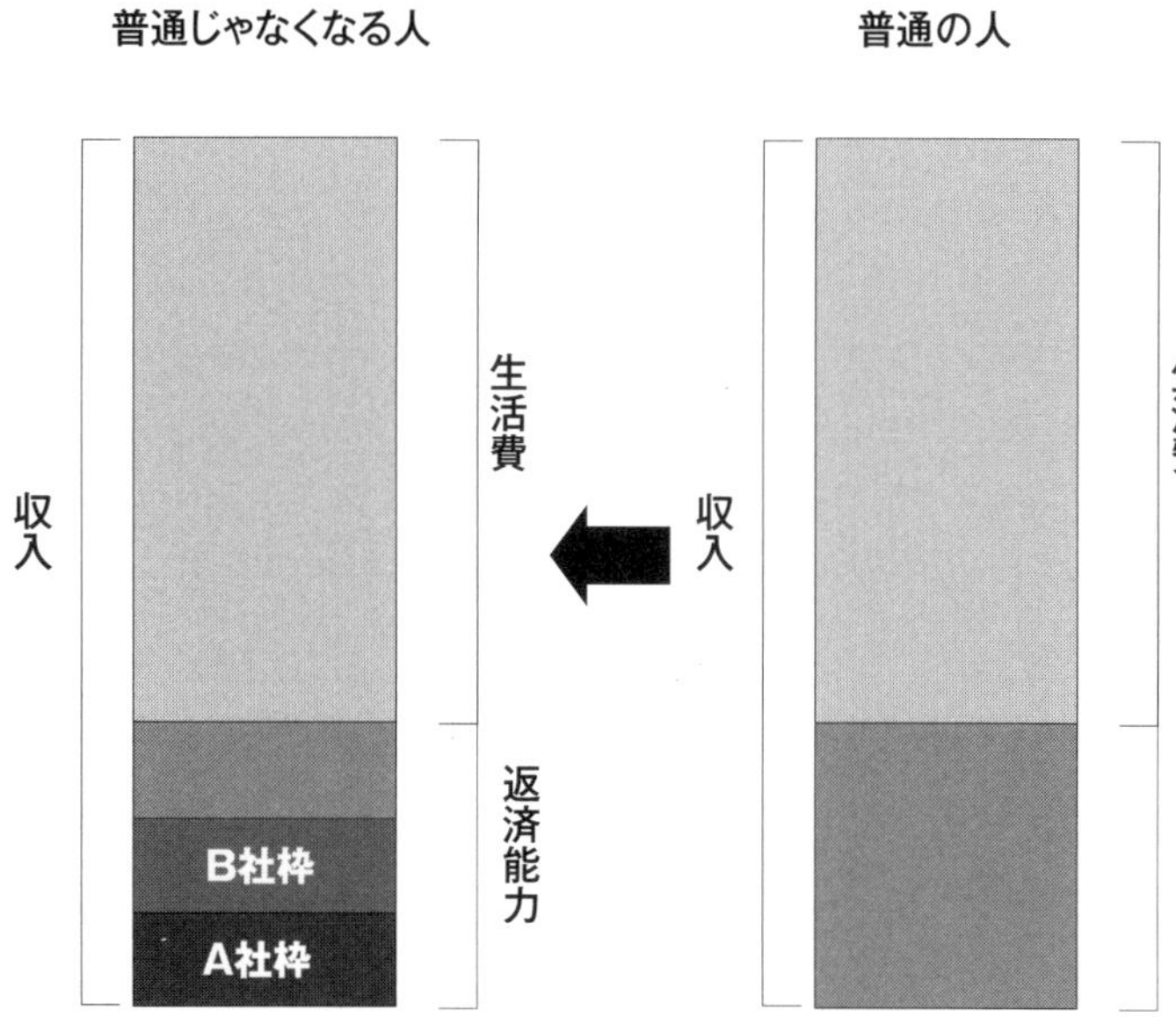

※借りなくても返済能力から返済枠が埋まってしまう

3

Cランクの人がするべき行動

Cランクの人は、まず自分の勤める会社の信用情報を確認するべきだ。

せっかくサラリーマンになったのに、その会社の信用情報が最悪だと、いくら頑張ったところで所得も上がらないし、自らの信用力も上がらないから会社を選ぶ必要がある。

この場合、前述した内容とは違い、転職するべきだ。

ここで言えるのは、高校卒業の就職希望者は、学校で就職先を決められてしまう制度だから、紹介される会社の情報は自ら調べる必要がある。本書の読者で高校生はいないだろうが、親の世代はいるかもしれないので注意をしておく。また中卒はそんなにいないかもしれないが、中卒や高卒だと進学しない限り、なんとなくDランクに陥りやすい。せっかくCランクに就職したところで周囲に大卒が多いと、なんとなく引け目を感じてDランクに移動する確率は上がってしまう。

また、高卒の場合、一人一社制という古い制度があり、高卒は学校から与えられた就職先一社しか選ぶことはできず、希望をもってその会社に入社したが、希望していた仕事とは大きく違っていたことも多く、離職して職を転々とする確率が高い。

私は、高卒である。そしてコンピューターの専門学校にいったが、その職にはついていない。高校を卒業する際、就職のあっせんを受けなかったから、仕事に対しては自由に考えることができた。

私は、学校教育に疑問をもっていた。

先生は「勉強しろ」と言う。なぜ勉強しないといけないかというと、偉くなれない、良い学校に進学できないからという。もともと進学する気もなかったから、進学する気はないといえば、良い会社に就職できないという。良い会社ってなんなのだろう。

学校の先生は、教職員であり、公立であれば公務員である。そもそも公務員になりたくないのに、公務員の先生から良い会社への就職のアドバイスは受けづらい。

教職員は教職員になるために大学で学び、資格試験を受けて合格し、就職試験を受けて教職員になった人がほとんどだから、社会経験は浅いのである。

私自身の体験だが、高校時代、英語の教師がオーストラリア人を連れて来て、生きた英語を教えるというプログラムがあった。これは公立高校としては画期的な取り組みであった。しかし、自己紹介の時点で事件は起こったのである。そのオーストラリア人が正直だったのか、打ち合わせができていなかったのかは不明だが、その英語の先生自体の英語がまったく通じず、会話にならなかったのである。必死に英語でしゃべろうとする英語の先生、まったく話が通じず聞き直しているばかりのオーストラリア人。滑稽すぎる授業に嫌気がさして、授業をボイコットしてしまった。世間に通じない人から学ぶ学校って何なんだろう。せめて「先生」という限りは社会経験があって、教科書だけの授業だけでなく、生きた社会も教えられるようでないと駄目なんじゃないか。高校時代は、そんなことばかり考えていて、あまり将来に夢が持てなかった。

ここまで読んで、はっとした人はいると思う。

自らの意思で働いていないのではないかと。


これには、私自身、悩んだ結果、目標を見出すことができなかったのである。

多分、世の中の若者は、同じ時期に同じ悩みをもっているに違いがないのだ。

読者の皆さんも、心あたりがあると思う。私がそのときに、この思考から脱皮できたのは、自己責任に目覚めたことだった。


誰かが、何とかしてくれるはずはない。

自分のことは、自分でしか解決できない。

できることをやるしかない。


結局、Dランクの仕事をこなしながら社会に出たのである。
※詳細がお知りになりたい方は、「教訓。」（プラチナ出版）をご覧いただくと
具体的なイメージがつかめます。

さて、私がDランクの仕事からCランクに移ったのは、陸送の仕事から不動産業へ転職できたのがきっかけだ。Dランクの自営業の仕事を、前述のCOCOM規制で失い、飲食店を目指して専門学校に通い、出店計画を進め、某駅前の店舗を借りることにした。手付金10万円を不動産業者に支払い、出店の準備を始めたのだが、残念なことに1階部分に想定していなかった店舗が入ることがわかったので、解約することになった。その際に不動産業者ともめて、ようやく手付金の10万円を返金してもらったところで、この業界なら勝てると思い、不動産業者に就職することに決めたのである。

当時、私の仕事は作業着、雨の日は雨合羽を着て仕事をしており、室内でワイシャツを着てネクタイで仕事をする人が羨ましかった。実は飲食店をしようと思った理由の一つは、雨の日に外で仕事をしなくて済むからというのもあったのである。

なぜ、ここでわざわざ私の過去をあからさまにするかというと、本書は「普通の人が億万長者になる方法」というタイトルであり、私自身、Dランクからスタートしていることで、普通の人以下でも億万長者になっている事実をお知らせしたかったからだ。現代の若者は、普通の仕事につけないことで悲観する、あるいはBランクに進むことができないだけで悲観するが、それは努力が足りないだけだし、食っていくだけならDランクの仕事なら、いくらでも仕事はある。また、せっかくCランクの仕事につけたのに、わざわざDランクに移動する若者も多い。当然、夢を見ることは大事だが、現実も、また見ていかなくてはならないし、楽をしようとすればするほど、厳しい現実に押しつぶされることになるのである。

せっかくCランクの仕事につけたのに、無駄にDランクに移動するべきではない。社会に出れば、周囲は馬鹿ばかりだから、馬鹿に感化されたり、多少、上司に小言を言われても気にしないことだ。

Cランクは、そもそも修行の時代だから、さまざまなスキルを身につけるべきなのだ。

4

Bランクを目指すには どうすれば良いか

本書の「普通の人」は、冒頭のピラミッドDランクをのぞくCランクの人であり、Bランクも普通の人だ。普通の会社員は、勤続年数で信用力と収入が増すわけだが、ただそれだけでは、Bランクには上がれない。何が必要かといえば、まずは提案力が必要である。そのためには業務を深く知る必要がある。

提案とは、問題を発見しないと提案はできない。問題点があるから、解決策が生まれる。それが提案である。

すごくわかりやすく説明すれば、テレビショッピングの実演販売である。

まず、切れない包丁でトマトなど切って見せる。「お宅の包丁は、こんな感じじゃありませんか」と問題点を切り出す。それを見た視聴者は、まったく今まで包丁などを買おうとは思っていなかったのにテレビに注目する。そして、そのあとに切れ味の良い包丁でトマトを薄く切ったり、固いものを切ってみせたりする、あれである。普段、問題点に気が付かない人は多い。しかし、人は、問題点に気づくと解決する方法にそって行動するものだ。この包丁の話では、結局、その包丁を買う行動を促すのであるが、職場においても同じことはいくらでもある。

私の場合、不動産会社に就職したわけだが、入社初日、朝礼後、店長があからさまに自分の席で漫画を読みだしたのを注意した。彼は、これは日課だとかいうことを言っていて口論になったが、では今から社長を呼びましょう、どちらが正しいか聞いてもらいましょうと言って、漫画を読むのをやめさせた。誰がどう見てもおかしな行為を、いままで注意をしないほうがおかしいのである。

その後、その会社のロゴマークが、動物の目の玉のようなものだったため、ロゴマークの変更を提案し、結局、私が作成することになり、グループ企業のロゴマークも作成した。べつにデザインを勉強したわけでもなく、何となくやればできるのである。住宅販売が中心の不動産会社の営業で雇われたのに、その会社のロゴマークや看板、出店計画まで携わるようになったのである。さらに、この業界では宅地建物取引士（当時は宅地建物取引主任者）の保有率が少ないことがわかり、この免許取得制度を社内で作ったり、大卒者が少なかったのでリクルート活動も提案し、大学を出たわけでもないのに、自らリクルーターとなって大卒者を入社させる努力もした。

私が、その会社に入ったきっかけは、なるべく小さい会社に入っていろいろな業務を学ぼうと考えた末、当時、職業安定所に行って「なるべく小さい、何でもやっているような会社を紹介してください」といって紹介を受けた。しかしながら、どの会社も未経験者で25歳という年齢で断られ、簡単には入れるものではなかった。しかたなく、職業安定所の職員が次に電話をかけた会社で、無理やり電話を代わってもらい、私は不動産の経験はないが、社会経験は豊富だ、とにかく3年間給料はいらないから雇ってくれ、みたいな感じで説得して入社させてもらったのである。とはいえ給料ももらえたし、学ぶことも多かった。ただ、その会社は小さく、まだまだ不安定な時期だったので転職者も多く、また社員が住宅を売っているのに住宅をもっていない。おまけに宅地建物取引士の免許取得率も低かった。そこで私は、入社の年に宅地建物取引士（当時は宅地建物取引主任者）の免許をとり、入社半年で住宅（マンション）を購入した。

この話をすると、それって普通の人じゃ無理ジャン、などと言う人もいるが、前述したとおり、私は普通以下なのにできている。

逆に、これは普通以下だからできたのである。

普通の人は、自らの能力を過信するから挫折も多いわけだが、私のように普通以下だと思っている人は努力をするのだ。たとえば、宅地建物取引士の資格を受けるときには、自分自身、馬鹿だと思っているから、自分を拘束して勉強する。おまけに、どうせ勉強するなら単純な受験勉強ではなく、法律なども一緒に学んでみようと考える。当時、その会社は水曜日だけが休み、その他はGWと夏休みがあるだけである。その休みの時間を図書館の自習室で過ごす計画を立てて実行する。自分が馬鹿だと思うから、必要以上に時間的計画を立てる。ただ、勉強ばかりだとストレスがたまるので、夕方5時には切り上げて、食事を楽しんで帰宅するというように、受験しようと考えた段階で予定を入れて、計画どおり実行する癖さえつければ、馬鹿でもなんとかなるものだ。

言っておくが、私は学生時代、国語も社会も「2」だ。しかし、現在、30冊以上の本を出版しているし、国際社会にもくわしいし、公益財団法人国策研究会の理事でもある。よく学歴がないことを理由に、自分にはチャンスがないと嘆いたり、挫折したりする人がいるが、自らの過去は変えられないが、未来は変えられる。いまを変えれば将来も変わるし、将来から見た過去は変わることになる。

能力×情熱×方向性。

せっかく能力があっても、情熱がなければ能力は無駄になる。逆に能力や学歴なんかなくても、情熱をもって何かにとりくめば、能力は後からついてくるのである。

最近、副業などが推奨され、何が本業なのかわからない人がいるが、方向性を間違ってはBランクに進むことはできない。

私の場合は、この不動産業界に入って、住宅販売の営業は3年でやめた。かといって営業成績が悪かったわけではなく、トップ営業マンだった。営業の仕事、広告の仕事、リクルーター、店舗の出店計画と毎日を忙しく過ごしており、自分自身がほかの人に後れを取って入社した意識があったので、さまざまな仕事をこなしてノウハウを蓄積した。当初から3年経ったら辞めるという条件で入社したのだが、辞表を出したときに経営者に引き留められ、企画課という部署を作るので、そこで責任者で残ってくれということで、営業以外の仕事を引き続き行うことになった。

いま考えてみれば、ここからがBランクへの入口だった。

営業職ではないから基本給が上がったし、そこからは管理職になり、さらに出店計画と人員増員で、その会社自体が成長し、金融機関からの借入れがしやすくなった。とはいえ、そのころは、まだまだ金融機関の不動産投資への関心は皆無であり、アパート経営などは、いわゆる地主が中心で、サラリーマンが投資などできる時代ではなかった。そんなときに、たまたま小さい店舗が上下にふたつ入った不動産を買ってくれという話があった。その案件で、かねてから付き合いのあった住宅ローンを取り扱ってきた銀行に持ち込んだのだが、審査にすごい時間がかかった。結果的に3000万円の物件に対し、2700万円の融資が付いた。このころは、自宅も買い替え、3LDKの郊外型のマンションに移り住んでおり、住宅ローンを同じ金融機関から借り入れたことと、やはり管理職に就いたことが良かったのだと思う。私自身、営業職のときには報奨金制度で所得も高かったが、やはり不安定な収入だと金融機関の評価は低いのである。総合的な所得は多少下がったにしても、管理職のほうが金融機関の印象は良くなるものである。金融機関の場合、住宅ローンの審査は、それほど審査は難しくはないが、事業性のローンだと審査は厳しくなってしまうのである。

結局、最終的には、この物件購入が不動産投資の入口となったのである。

念のため、付け加えて解説するが、これは私が初めて買った収益物件の話であり、現在は、金融機関も、それほど高いハードルではないから安心していただきたい。

5

普通の人がAランクになるには

さて普通の人をCランク、Bランクとした。残念ながらDランクの人は、金融機関から融資が受けられない。ただ、自営業である場合は、その事業を法人化して、その法人の規模が拡大すれば、Aランクになれることはなれる。これは会社オーナーとなるからだ。

ただ、ここでは、普通の人が億万長者になれるというノウハウなので、Cランク、Bランクの人たちが億万長者になれる、そしてAランクの人になれる解説をしていく。

まずCランクの人たちは、だいたい賃貸住宅に住んでいる。Bランクの人でも、賃貸住宅に住んでいる人も少なくない。学校を出て就職すると、その会社の近くの賃貸住宅に引っ越し、結婚すれば、少し広い賃貸住宅に引っ越し、子どもが生まれれば、また賃貸住宅に引っ越す。スタートが手軽な賃貸住宅住まいだから、延々に賃貸住宅住まいから脱皮できない。また公務員などはすごい安く官舎に住めたりするから、退職するまでそこを離れなかったりする。

しかし、よく考えていただきたいのが、その家賃の支出と定年後の暮らしである。

とくに所得が上がると生活レベルを上げてしまい、預貯金を貯めることができなければ、所得がなくなった時点で破たんする。たとえば、年収1000万円の人が、預貯金が貯まっていなければ、即時、生活は破たんするし、仮に1000万円の預貯金があったにしても1年で破たんしてしまう。

人は、一度上げてしまった生活は、なかなか下げることはできない。

そこで、そういったことのないように、私は、住宅購入をお勧めする。

たとえば、家賃が7万円のところに住んでいるとする。そこに10年住んで、その後、結婚して家賃10万円のところに引っ越して10年住んだとする。すると（7万円×12か月×10年）＋（10万円×12か月×10年）＝2040万円の支出である。このお金は、家賃だから返ってこない。

では、最初に、2000万円の中古のファミリータイプのマンションを買ったとする。2000万円の住宅ローンを金利1・2%、30年返済で借入れをすると、月々の支払いは6万6182円の支払いである。

これを前記の賃貸住まいと比較するために、この住宅ローンの20年後の未払元金を計算すると、748万円になる。

この時点での比較では、賃貸住宅に住んでいた場合2040万円の支払いで、そのお金は返ってくることはないが、住宅を購入して住んでいた場合は、住宅ローンの借入れ金額の1252万円（2000万円－748万円）の返済が済んだことになる。

仮に、このマンションに住み続ければ、あと10年ですべての元金の返済は終わり、住宅に関する住宅ローンの6万6182円の支出はなくなる。

一方、前記の賃貸住まいの人は、その後も10年間住み続ければ1200万円の支出が加わり、総額3240万円の支出となる。もちろん2000万円のマンションは、価格が上がったり下がったりするかもしれないが、仮に買ったときの価格が維持され、2000万円の価値だとすれば、住宅購入者は2000万円の資産が築けたことになり、賃貸住宅の場合は3240万円の支出だけで、何も残るものはない。

この計算でもおわかりのとおり、まずは住宅購入によって、資産形成をすることが億万長者への入口である。ただし、どこのマンション、住宅でも良いということではない。今後、日本の人口は確実に減ってくることは間違いがない。この場合、人口の減少によって、地域の二極化が進むことになる。これは、どういうことかといえば、仮に日本の人口が5％減るとする。すると、日本の地域全部が押し並べて5％減るということではない。都市圏が5％減って、地方圏も5％減るということではない。

過疎化が進むところと、過密化が進むところの二極化だ。

わかりやすく解説すると、たとえば、ある地域の人口が減って、商業施設が商売にならずに撤退したとしよう。仮に、デパートがつぶれるとする。すると、そこで働いていた大量の従業員の雇用が失われる。だいたい、デパートで働いていた人たちは、同じような職種を選択するから、デパートで再就職する。当然、そのエリアでデパートがつぶれたわけだから、他のデパートでの就職先はない。したがって、別のエリアのデパートに就職するわけだが、そこに通勤するために引越しをする。すると、もともと住んでいた家は空室になるわけだが、仮に、そこに引っ越してきた人がいたとする。これを我々、専門家は「吸収」というが、このエリアに多少の吸収力があったとすると、そのエリアに引っ越してくる人も、当然、もともと住んでいた住宅があり、ここが空いてしまった場合、なかなか居住する人がいないとなれば、このエリアは衰退してしまう。賃料を下げても決まらないし、分譲で所有していたものは、売れない。これが、不動産価格の負の連鎖になる。

したがって、住宅を購入する場合や投資用の不動産を購入する場合は、吸収する側、つまり、人口が過密化するであろうエリアで購入することをお勧めする。

とはいえ、現在の職場が地方の場合はどうするか、という問題もある。その場合、将来、その住んでいる地域が値下がりをするエリアであれば、賃料も安いだろうから、わざわざ住宅を購入することはしないで、都心部のワンルームマンションなどを購入するのも一つの手である。また公務員の場合で、安い官舎に住んでいる、あるいは大手企業で社宅に住んでいるような場合も同様である。

6

普通の人が資産をつくる準備とは

まず、当たり前のことであるが、資産をつくるには、CランクからBランクへと知的財産である仕事のノウハウを蓄積し、勤労所得を上げること。ただ、それだけでは「億万長者」にはなれないので、投資を行うことになる。

経済学者のトマ・ピケティという人が「21世紀の資本」という著書を書いているが、ここには「r＞g」という不等式が書かれている。「r」は資本収益率（リターン・オン・キャピタル）、「g」は経済成長率（エコノミック・グロース・レート）。「r」の資本収益率が年に5％程度だったにもかかわらず、「g」は1〜2％程度しかなかった。資本主義の富の不均衡は、放置しておけば格差は広がる。その理由は、資産（資本）によって得られる富は、労働によって得られる富よりも成長が早い、ということが書かれている。実際、私の経験則上も、同様だと考えている。

本書は普通の人が億万長者になることを目的としているので、貯金だけでは、絶対に無理だということを解説する。

たとえば、銀行にお金を預ける行為は、**図5**のような感じである。預金者が預けた預金は、金融機関が法人などに貸し付けて運用することになるが、昔なら6%とか5%とかの金利で貸せたが、現状では1%前後にしか過ぎない。さらに、過去に貸し付けた融資の元金の返済を受けているから、受け取り利息が少なくなってきている。利息を高く貸した融資は、毎月元金が返済されており、新たに貸し付ける融資の金利は低いわけだから、運用はかなり厳しい状況にある。さらに日本は低金利政策を続けているから、単純に預金金利は低くならざるを得ない。

読者の皆さんは、DCF［discounted cash flow］という言葉は、ご存じだろうか。

ぜひ、この機会に覚えてほしい。

図6のように現在のお金が1000万円あったとする。過去10年前くらいの定

図5　お金を増やすステップ

「銀行」に預ける

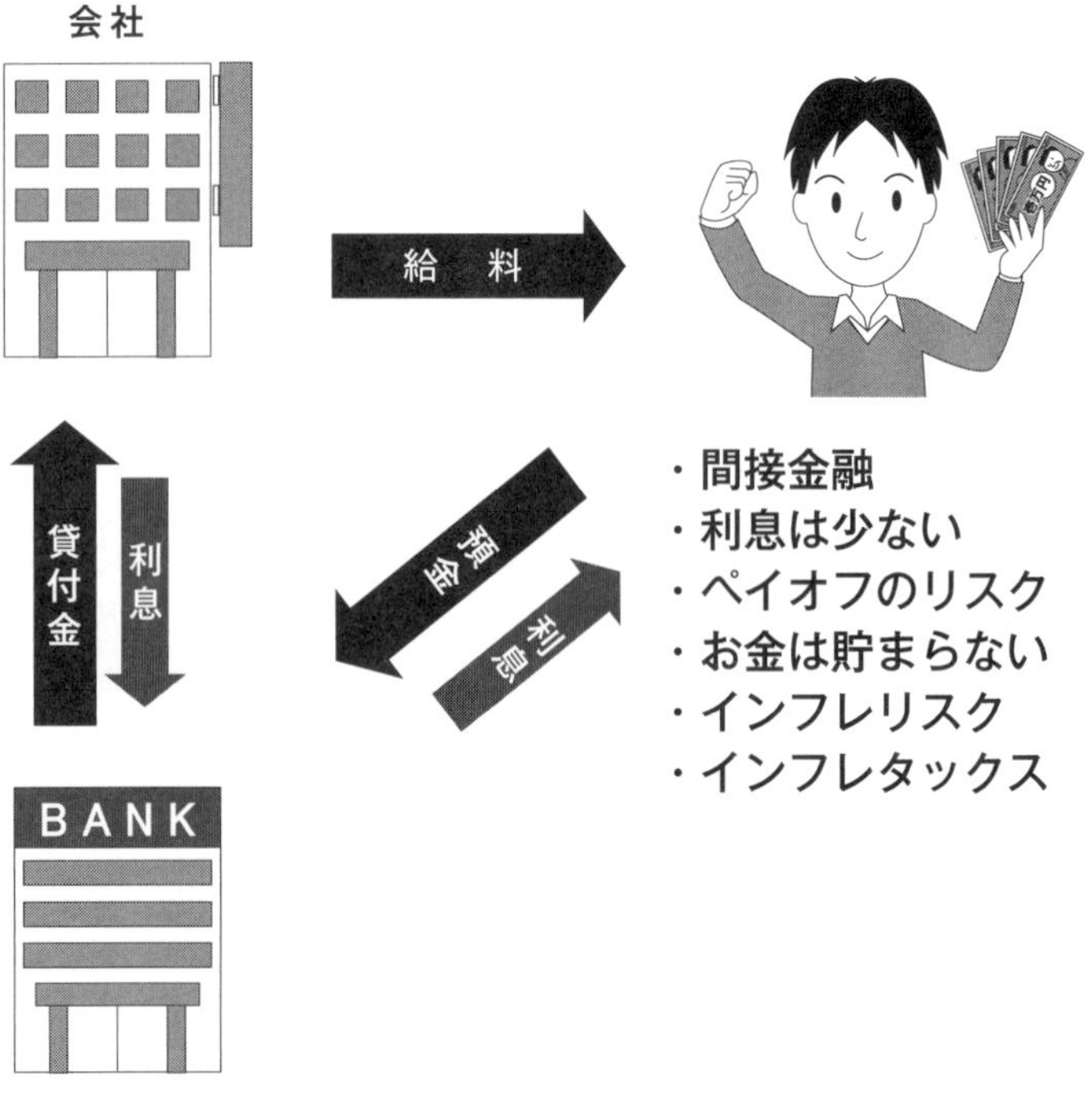

図6　DCF [discounted cash flow] の考え方
（複利計算での現在価値の算出方法）

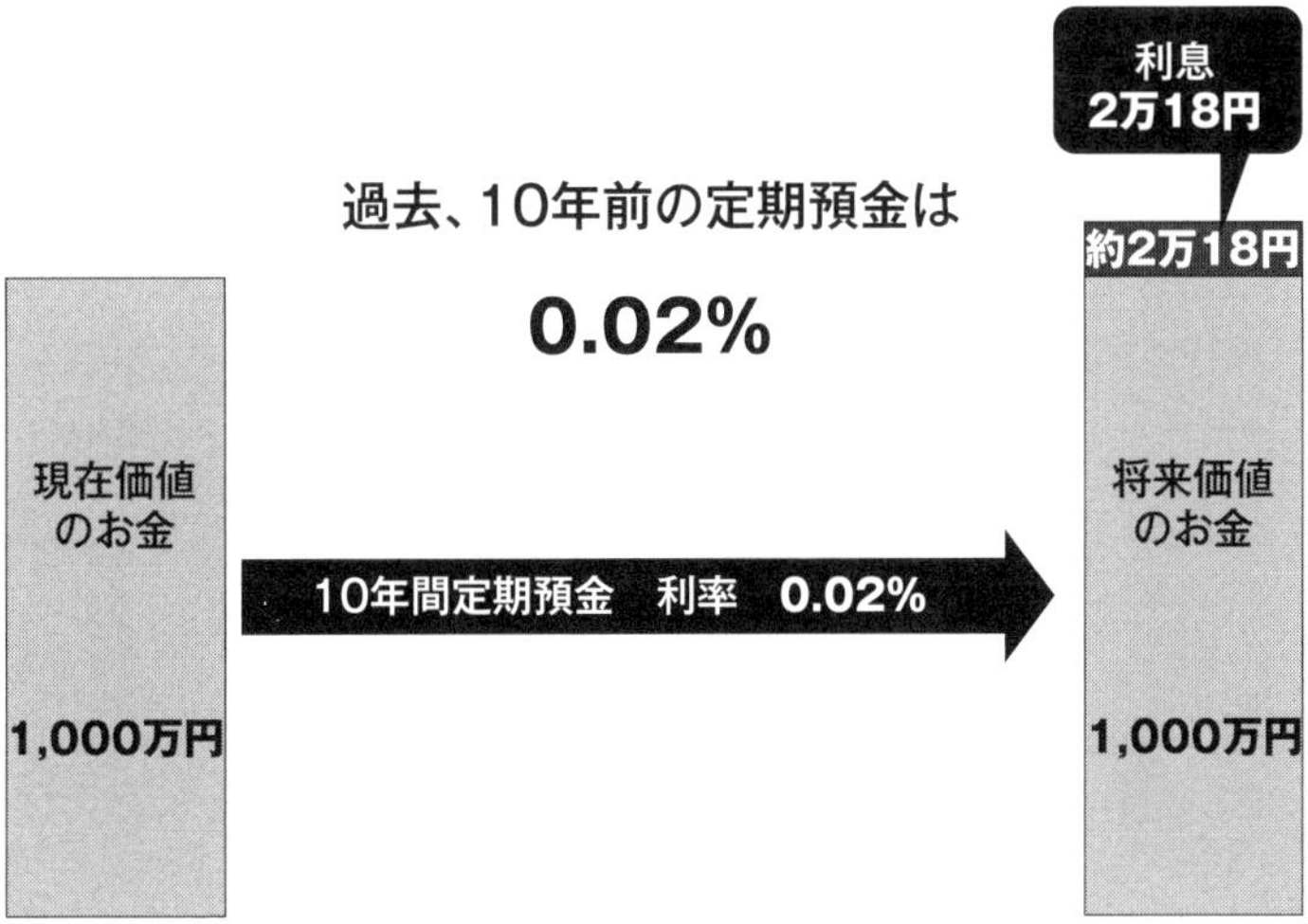

期預金は0・02％程度だとすれば、その金利で10年間複利計算をすると利息は2万18円である。普通の人は、これを常識としてとらえているわけだ。この10年間のうちに手数料の取られる時間帯に現金を降ろしていたりすれば、この金利を上回る手数料を取られていると思うと、多分、大きなマイナスである。

さて、ここでは、確かに利息は付いているが、DCFの考え方では、他と比較しないと損か得かがわからない、という考えが必要だ。

たとえば、読者に質問であるが、過去の1000万円のお金が、1002万円になったら、

（1）2万円の得
（2）大した差がないから損でも得でもない
（3）お金の価値が変われば損している

いかがだろうか。

（1）と答えた方は、1億円を超える資産は確実につくれないので、少し勉強を要する。だいたい日本の教育では、この教育が欠落しているから、結構（1）だと思う人は多い。

（2）と答えた方も、やはり勉強を要する。

次の**図7**は、2％のインフレーションが起きたと想定して複利で計算したものである。すると、現在1000万円の価値は、10年後には約1219万円になっている。つまり、これ以上の価値が出ていなければ損したと考えるべきなのである。上記のように、銀行の定期預金0・02％で預けておくことは、たったの2万円の利息であり、インフレでお金の価値が下がれば、219万円から2万円を差し引いた約217万円の損をしたと考えるべきなのである。

では、どのようにしてお金を活用して資産を増やすかということを解説する。

図8・9・10は上部がキャッシュフローを表し、下部がバランスシートを表す。

図7　DCF [discounted cash flow] の考え方
(複利計算での現在価値の算出方法)

図8　キャッシュフローとバランスシート
健全なバランスシートを考える

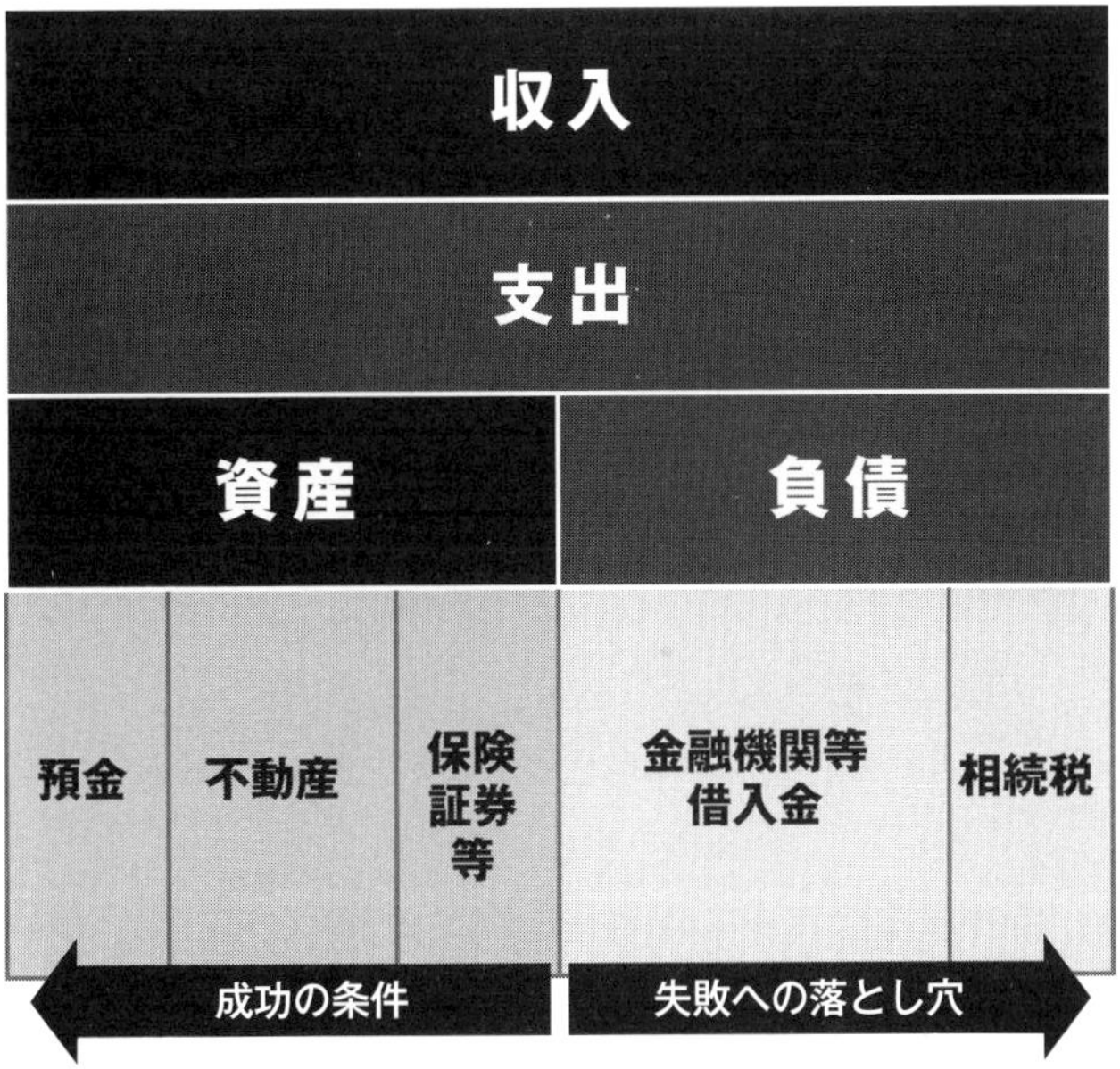

※私の理論では「相続税」は負債にカウントしてとらえる

図9　キャッシュフローとバランスシート
健全なバランスシートを考える

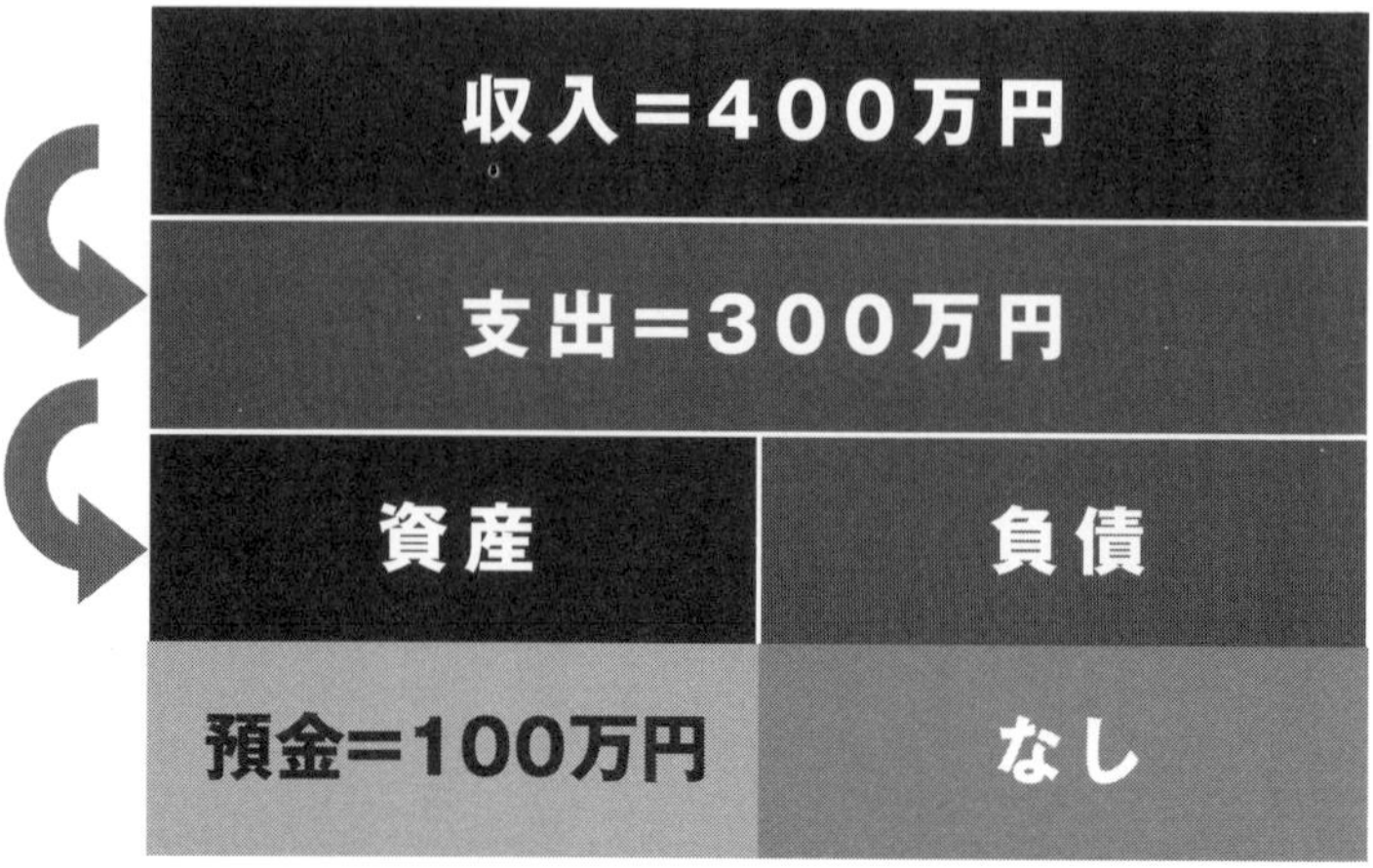

資産 − 負債 ＝ 純資産

100万円　0円　100万円

図10

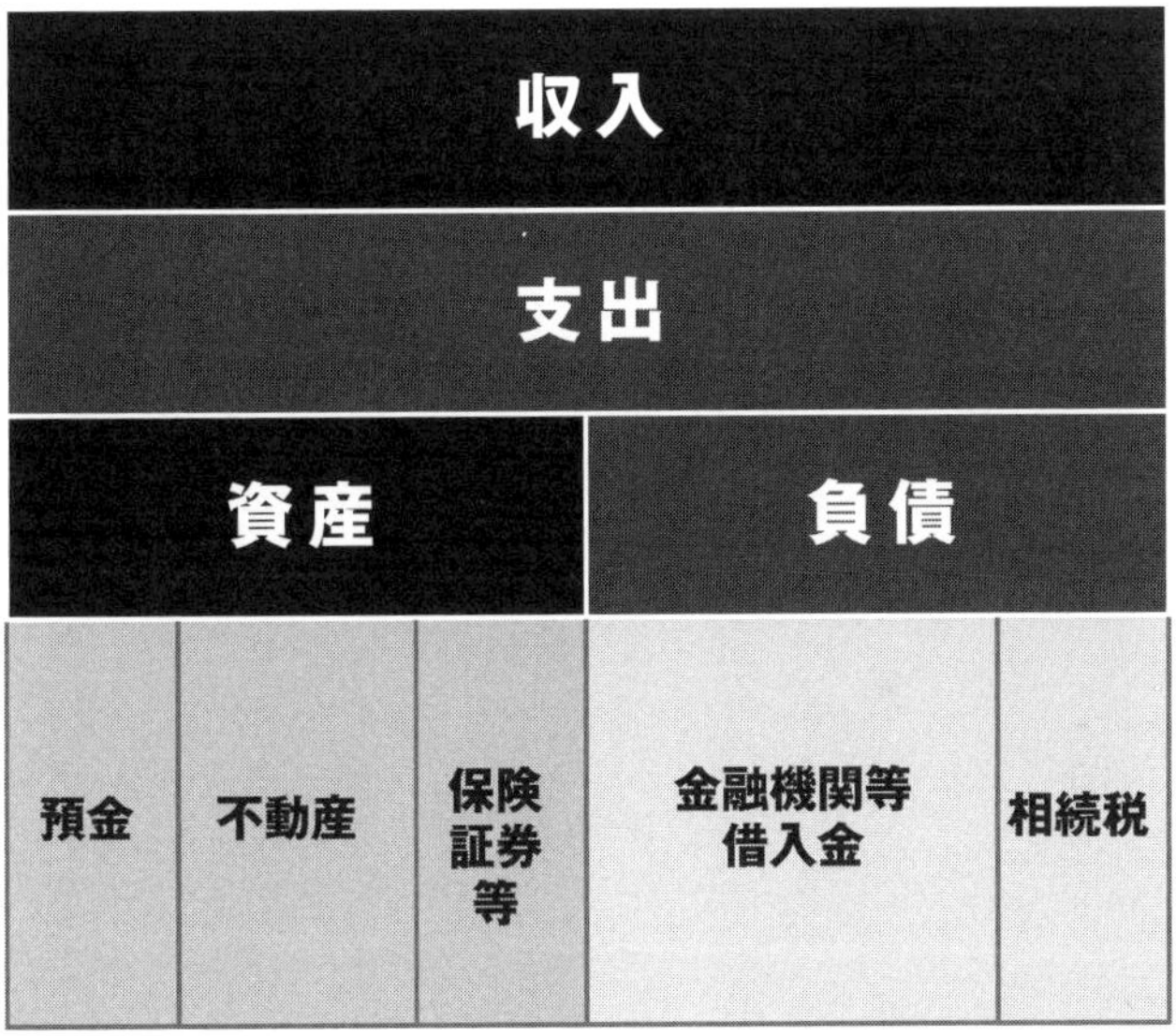

資産 − 負債 ＝ 純資産

以前書いた本で、税理士の方から「損益計算書」と「貸借対照表」の表現としてはおかしいなどと指摘を受けたが、このほうがわかりやすいので、この表で解説すると、収入から支出を引いたのが資産に回る。

たとえば給料が手取りで年間400万円あり、生活費が年間300万円だったとすると、差額は100万円であり、資産の中の預金が100万円ということになる。この図でいけば、上からお金が流れ、下の資産に入ることになる。本書を読み進めるにあたっては、この図をよく覚えておいていただきたい。上記のようにして1億円を貯めるとすると、単純に100年間かかってしまう。では、お金を増やすには、どうすれば良いか。左側の資産の中は、預貯金、不動産、証券(株)、生命保険などである。この右手にあるのは、負債であり、金融機関等の借入金などである。

この資産から負債を差し引いたのが「純資産」であり、この純資産が1億3000万円を超えれば、本書でいう億万長者になったといえる。

ついでに解説するが、資産を増やすことで、その資産に課税されるのが「相続税」であるが、これは資産を保有する人（被相続人）がなくなったときに、それを継承する人（相続人）に課せられる税金であり、亡くなってから10か月で支払わなければならないから、被相続人や相続人から見れば、負債と考えて計画する必要がある。

本書では、相続税を加味すると主題から外れるので詳細には触れないが、頭の中にはいれておいていただきたい。

※「損しない相続」（朝日新聞出版社刊）を参考にしてください。

さて、お金を増やすには、計画が必要になる。

たとえば上記のような人、つまり収入が400万円、生活費が300万円で、年間100万円を貯金できる人が、収入500万円になって、生活費は上げないで生活できれば、年間200万円を貯金できることになる。そうすれば、1億円貯めるのに100年かかったものが50年で貯められる。だから収入を上げれば良いのです！　とか言っては、この本の読者に怒られるだろうから、もっと違う方法を解説していく。

ただ、これは重要なことで、所得が上がれば、生活水準を上げようと考える人が多く、結局、お金を貯められない人が多いのは事実である。所得が上がれば、住宅環境を上げるため、高価な賃料のところに引っ越す、車も経済車ではものたりないから高級車に、そして子どもを私立に入れるなど、収入が上がれば支出も増やしてしまうのが常人だ。しかし、そこの改善をしないと億万長者にはなれない。

私は、先に書いたとおり、学生時代にDランクの職業で社会に出た。最初はアルバイトの延長線上の仕事だったので、収入は大したことはなかった。しかし下請けではあったが、起業してからは順調だったので、収入が増えて消費が拡大した。毎日、日常的に飲み歩き、休日は女性や友人を連れてドライブや食事、車も3台所有していた。それでも貯金はできていたし、何も不自由はなかった。むしろ周囲の人たちより所得が高いことで優位に生きていたように感じていた。しかし仕事上は作業衣を着て、雨の日は雨合羽を着て仕事をしている自分が、どうもしっくりこなかった。保有する車、着るもの、時計などの高価な宝飾品を身につけ、他人に食事などを奢ることで、自分の存在感をアピールしていただけなのかもしれない。いま考えれば、馬鹿である。

実際、その仕事を失ったことで、本質がわかった気がした。無職になった途端、女性の友だち関係は縁が切れ、友人関係とも縁が遠のいた。もちろん貯蓄があったから、すぐには困窮しなかったが、将来が見えなくなっていて、その時が一番不安だった。

その後、紆余曲折があって、不動産業に転職したことで、将来を見据えることができた。

それまでの消費生活から離れ、車も売って、まずは住宅を購入することにした。とはいえ、当時、買ったのは980万円の団地のようなマンション。前の所有者が子だくさんな家庭だったため、家中、かなり傷んでいたのでなかなか買い手がつかず、1280万円で売り出していたが、買換え先の物件を購入したいがために300万円値下げした物件を紹介されて購入したのである。内装費用を

３００万円程度かけて、４Ｋ（４部屋＋キッチン）の間取りの物件を１ＬＤＫ（寝室＋リビングダイニング）の間取りに変更し、室内だけ見れば、新築同様にして快適に住むことができた。

実は、この住宅購入は「投資」なのである。

内装費用（３００万円）と諸経費分（約80万円）は自己資金で支払った。つまり資産の現金３８０万円がなくなり、不動産の９８０万円が加わったことになる。資産は一時的に９８０万円になり、借金は９８０万円全額を金融機関から借りたから、純資産としては資産９８０万円から借金の９８０万円を差し引けば、純資産は「０」になる。

普通の人は「損」した気になるかもしれないが、実はそうではない。

たとえば、この住宅を借りるとすれば、賃料は７万５０００円ぐらい。当時、住宅ローンは４・７％だったから20年返済で借りると月額返済額が約

6万3000円ぐらいになる。マンションだったので、管理費+修繕積立金が1万2000円ぐらい、総額7万5000円位だから、ほとんど賃貸に住むのと同じだった。

前にも書いたが、結構、普通の人は、賃料とローンの支払いが同じくらいなら、賃貸住宅で良いと考えがちだが、それは誤りである。

まずは、この物件を購入したことで「団体信用生命保険」というのに加入したので、保険料は上記の返済額に含まれるから、実質的に980万円の保険に入ったのと同じ効果があるわけだ。万一、何かで死ぬことがあれば、このローンの返済額（残債分）は保険金で支払われることになるので、万一、亡くなった場合、遺族はローンの返済を免れる仕組みになっている。また20年経った段階でローンの支払いが終われば、そのマンションを売却すれば、相応のお金が入ってくることになる。

つまり賃貸で住んでいれば、家賃は支出（消費）であるが、住宅ローンの返済の元金分は「負債」の減少につながり、「資産」から「負債」を差し引いた「純資産」が積み上げられてゆくものなのだ。

これを理解するのが難しい方もいるかもしれないが、わかりやすく別の見方で解説すると、家賃を払う人は「支出」、貰う人は「収入」、その「収入」は、その人の「資産」に回る。であれば、「支出」する家賃を自分の「収入」にすれば、自分の「資産」になるということである。

考え方としては、こうだ。

自分が賃借人になって、自分の大家さんの口座に家賃を支払う。その口座の中には賃料が入ってきて、ローンの返済をする。他の大家さんに賃料を支払わずに、自分の中の大家さんに賃料を支払うのである。すると、自分の中の大家さんの銀行口座には預金が貯まらないかもしれないが、負債である住宅ローンの返済が進むので負債は減る。資産－負債＝純資産だから、確実に純資産は向上するのである。

理屈としては、簡単な話だ。

結局、子どもができて、このマンションは1年半で買い替えてしまったが、1500万円で売れて、残債は930万円ほどになっていたので570万円ほど返ってきたことになる。家賃を払い続けていれば、家賃が7万5000円とすれば、単純に135万円の支出だ。

結局、次にも3LDKのマンションに移り、その後、一戸建て住宅を購入し、その後、建替えたりして快適な暮らしをしてきたわけだが、たぶん、最初に賃貸住宅に住んでいたら、こうはならなかったと思っている。また私の場合、不動産業に就いたから、賃貸住宅と住宅購入の比較検討ができた。住宅は負債だ！　などと言う人がいるらしいが、この説明を聞けば明らかに資産であることがわかると思う。ただし、自分の収入による返済限度額を超えては駄目だ。住宅を購入する際は、自分が支払える賃料で買えるものを選ぶべきである。それも、できれば、その物件を貸した時に同程度の賃料で貸せるものを選ぶべきなのである。

たとえば転勤などで貸すか売るかの選択に迫られたとき、貸せば住宅ローンの返済を滞らずに済む。ただし注意が必要なのは、その場合、必ず借り入れた銀行との協議をすること。住宅ローンは国の政策で有利な条件で借りることができるようになっている。だからといって、住宅ローンを借りて賃貸で貸すのは駄目だ。最近、かような不届きな提案をしている業者がいるらしいが、それをやっては、次に銀行ローンがつかなくなる可能性がある。目先の利益にとらわれ、せっかくCランク、あるいはBランクにいるのに、いきなりDランクに没落することになる。

実際に、悪質業者にのせられて、契約書を偽造したり、住宅ローンで買った物件を賃貸に出したりして、金融機関から一括償還（金融機関は不正によって貸したお金の全部を債務者に請求できる）を求められて、大変な目にあっている素人の人たちがいるので、絶対にやっては駄目だ。

さて、収入と支出の話に戻すが、年間収入500万円で生活費が300万円であれば、200万円が預貯金に回る。これが800万円になっても生活費が300万円で収まれば、年間500万円が貯まることになる。ただ、これだけでは1億円を貯めることはできない。

そこで預貯金を投資に回すのであるが、私自身、株式投資も行ったことがある。先に述べた預貯金を銀行に預けることは間接金融であるが、株式投資は**図10**のような直接金融である。

企業の株式を取得して、基本的には配当金を得るのであるが、実際には「売買」を繰り返すことで利益を得る投資である。安く買って高く売る、高く売って安く買い戻すというゼロサムなゲームである。誰かがもうかれば、誰かが損をする仕組みである。本来、株価が上昇し続けていれば、皆、もうかる構造にはなるが、実際にはそうはいかない。

私自身が株式投資を行っていたときは、「バブル経済」と呼ばれていた時期の少し前だったので、200万円ぐらいの元手で、多いときには、月に10万円以上

図11　お金を増やすステップ

「株式投資」を行う

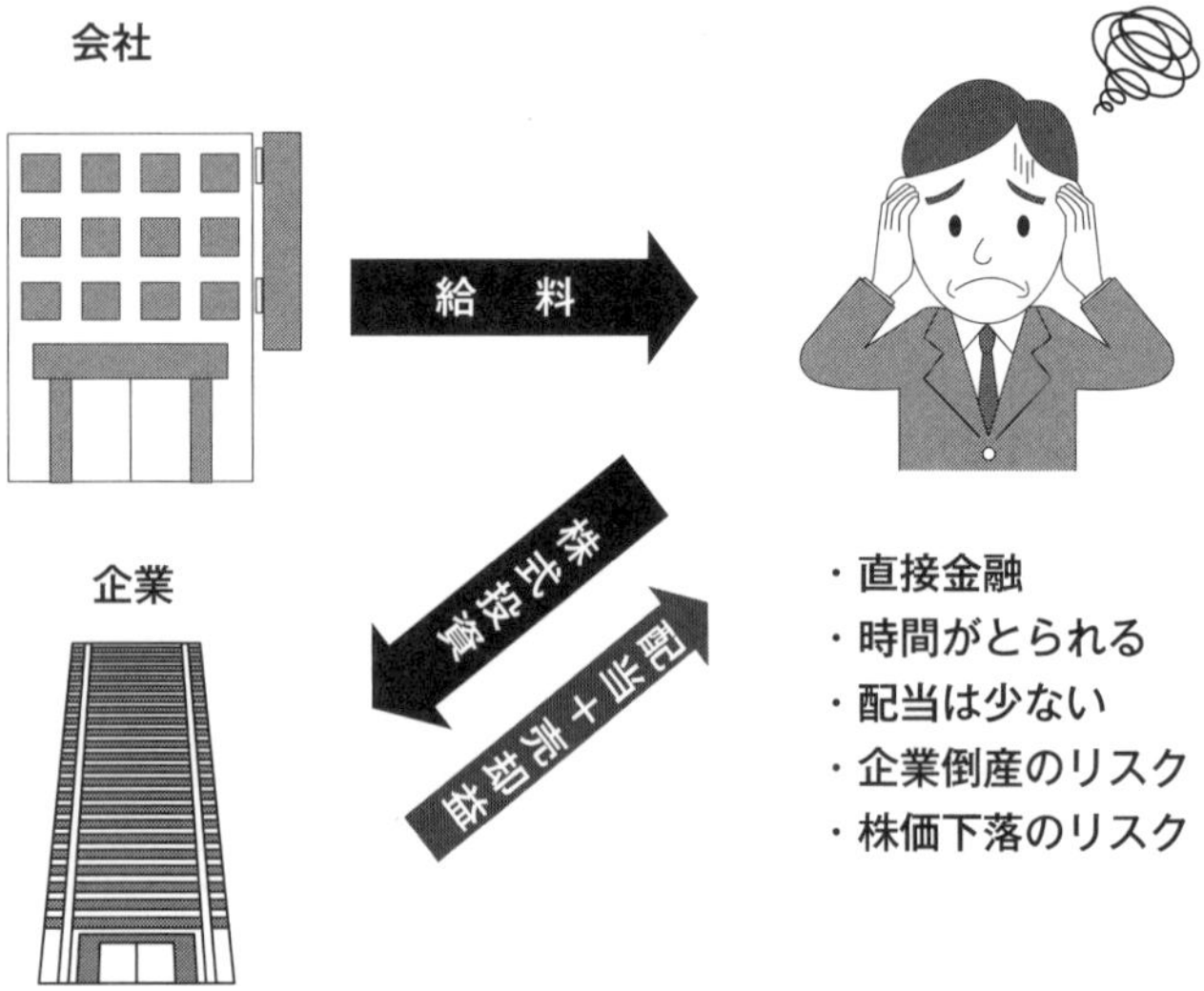

利益が出たときもあったが、きっぱりとやめた。それは、ちょうど不動産業界に入って2年目のころであった。きっかけは、私から住宅を買った顧客が株式投資の利益で、住宅を現金購入した。その方の紹介で証券会社との付き合いが始まったのだが、本業以外の収入を得るためには、情報等を得る「時間」が必要であり、この時期、そこに時間をかけるなら、まだまだ未熟な本業の勉強に時間をかけるべきだとの結論から、株式投資をやめることにしたのである。

その後、バブル景気が押し寄せ、不動産も株も上昇気流に乗ったのだが、ご存じのとおり、1年半程度で崩壊してしまった。それから30年以上、日本経済は混沌としたものとなってしまったが、私の場合は、住宅の他、投資用の不動産を買って家賃を得ていたから、大もうけはしなかったものの、コツコツと家賃を稼ぐのと同時に、給与所得も向上させることができた。

現在では、国が働き方改革の推進や、一定の社会保障ができなくなったことで、国ぐるみで副業の推奨を行っているが、私は愚策だと思っている。これがCランクからBランクに行けない理由であり、残念ながら大量の中年就職難民を世に出し続けている理由だと思っている。日本の企業は弱体化し、そして国民も弱体化が進んでいる。優秀な人材は、自ら努力をしてスキルを上げるために仕事や勉強に勤しむ、しかし多くの若者は安易な仕事を選ばせて能力をつけさせない。これが若者を非正規雇用者に仕立て上げた原因でもあると考えられる。

読者の中に若者がいるとすれば、とくに申しあげたいのは、くだらないマスコミの情報にとらわれることなく、自ら信じた道を進むために時間をかけてもらいたい。世の中には「信用創造」も重要なことだと意識してほしい。すると、やがて成功への道は開けてくるのである。

7

お金を貯めても、生活費をまかなえない理由

たとえば、退職までに1000万円の貯金ができたとする。普通の人は1000万円も貯めたのだから、少しは裕福になったと感じるだろう。また、退職金が1500万円出たからと言って、夫婦で旅行を楽しむ人もいる。しかし考えていただきたいのが、働き続けているときと退職後、あるいは無職になったときは、その後、収入がなくなるということである。

仮に1000万円のお金は、毎月、20万円の生活費の支出があるとすれば、50か月、つまり約4年で枯渇するのである。その後、あわてて働いたとしても、退職後に働ける場所は限られているから、なかなか生活費をまかなうのは困難になる。さらに年金も、あまりあてにはならない。そんなことは、普通、わかるはずだが、普通の人は実際にぶつかってみないとわからないから不思議である。

であれば、どうするかである。

まず、質素でも良いから、老後に住み続けられる住宅を購入して、定年退職までに住宅ローンの支払いを終えることだ。そうすることによって、まずは賃料のような住宅に対するコストが軽減される。そして、最近では、賃料の安定的な物件だと4%ぐらいのネット収入だから、6000万円分の収益目的の不動産を購入して、定年退職までにそのローンの返済を終わらせば、年間240万円、つまり月額20万円の賃料収入を得ることができるのである。実は、これは簡単なことなのだ。6000万円分と書いたが、中古のアパートでも良いし、ワンルームマンションを複数購入しても良い。これは普通の人でも、普通にやっていることである。

例として、ひとつあげよう。

私が住宅販売の仕事をしているときである。某公務員の方が来店してきて相談にのった。間もなく定年退職する。年収は1500万円で、私の勤めていた会社の近くで3LDKの社宅（宿舎）に3万5000円程度で住んでいた。どう考えても、賃貸住宅なら家賃13万円を超えるほどの物件だった。あと6か月で定年退職なので退去しなくてはならないとの理由で、中古住宅を探しに来たのである。

貯金は500万円、退職金が1500万円ぐらいは出るので、半分の1000万円は老後の生活費にあてたいという。そもそも年収は高く、社宅の賃料は破格に安いのに、預貯金は500万円しかないということは、生活コストが高すぎたのである。聞くと子どもたちの教育費に費やしたお金が多大だったと言っていたが、結果的に老後は厳しい現実にぶち当たることになる。当時、中古マンションで1000万円というと、私が25歳で購入した物件程度しか買えなく、賃貸住宅においても、そのエリアで3万5000円では、かなり劣化の進んだアパートしか借りられない。当時の不動産事情を全く意識せずに、定年退職を迎えることの悲惨さを夫婦で味わうことになったのである。結局、10万円ほどの賃貸物件を借りようとしたが、当時は連帯保証人が必要だったため、娘の旦那に頭を下げるのは嫌だということで田舎に戻ることになってしまったのである。

普通、2000万円もあれば、裕福な老後を迎えられると勘違いする人は多い。しかし退職後の現実は甘くはないのである。

私の経営しているCFネッツという不動産コンサルタント会社では「年金の健康診断」というサービスを行ったことがある。このときに多くの方の老後資金のシミュレーションをさせてもらった。だいたい10人中8人ぐらいは厳しい現実を目の当たりにする。では、2人はというと、結局、家賃収入を既に得ている人たちだった。

本書のテーマである普通の人が億万長者になる方法は、この延長線上の話である。

3000万円の住宅を買って、1億円分の収益物件（賃貸用アパートやマンション）を購入してローンの返済が終われば、1億3000万円の資産がつくれるのである。資産が1億3000万円、負債が「0」で純資産は1億3000万円になる。

これはCランクの普通の人にもできる簡単なことなのである。

そう考えれば決して難しいことではなく、ほんとに誰でもできる仕組みなのだが、できない、あるいはできなくなるのは、職場環境の変化と年齢である。

よく私のところに50歳を過ぎてから相談に来る人がいる。せっかく良い職場に恵まれてBランクの人だが、残念ながら年齢が問題となる。たとえば、50歳から65歳まで働くとすると、残り15年となる。そこで1億円の物件を購入すると、ネット収入5％の物件だと、（1億円×5％）÷12で、月額賃料は約41万6700円である。これを単純に逆算して計算すると、金利2％で返済期間15年だと約6475万円の借入れとなる。すると（諸経費約800万円と購入資金1億円）－6475万円で合計4325万円を用意しなければならない。我々が推奨しているDCR＞1・3にするには、あと1500万円ぐらい用意しなくてはならない。あるいは、ローンの年数を長くしておいて自己資金を少なめに計画し、退職金が入ったところでローンの繰り上げ償還をするなど、ちょっとした工夫が必要となる。

図12　DCR（Debt Coverage Ratio）とは

$$\mathrm{DCR} = \frac{\text{NOI（ネット収入）}}{\text{ADS（年間元利返済額）}}$$

正味賃料収入と借入金の実質返済額の
比率を見ることによって安全性を確認する

DCR ＞1.3

※ＤＣＲ（Debt Coverage Ratio）＝年間純利益（ＮＯＩ）÷ローン年間返済総額（ＡＤＳ）

※ＤＣＲ>1.3 というのは、年間返済総額の 1.3 倍のネット収入（年間賃料－年間経費）を見込むというもの

しかしながら、35歳だと物件にもよるが、30年返済が可能となる。同じ2％で計算すると、月額約41万6700円の収入が見込めて返済にあてるとすれば、約1億1127万円の借入れができてしまうので、1億円のフルローン（1億円の物件を購入するのに1億円の借入れを行うこと）が可能となるのである。もちろん理論的な話で、個人の属性によって異なるわけだが、前述の公務員の方が現金で買える金額を、私はローンを組んで買えた話と同様である。

この例で考えればわかるとおり、同じ人が同じ物件を購入するにあたり、50歳の人は4325万円を用意しなくてはならないのに対し、35歳の人は諸経費の800万円だけあれば購入は可能となるわけだ。ここで考えていただきたいのは、どちらの方も65歳で1億円の物件を借入金なしで手に入れることになるのだが、50歳の人は給与所得などで貯めたお金を物件購入に充当することになるわけだ。一方、35歳の人は、この物件の家賃収入で物件の購入費にあてているのだ。ローンはすべてが支出ではなく、返済金額の元金部分はローンの返済に充当され、純資産は毎月向上する。貯金（資産）を貯めるのと、ローンの返済（元金の減少）

は資産と負債との関係で同様なのであり、どちらが楽かといえば、35歳の人のほうが楽なのである。なぜなら給与所得でローンの返済をしているのではなく、給与所得とは別の不動産収入（家賃収入）でローンの返済をしているからだ。

だいたい、ここまで読み進めた読者にはおわかりだと思うが、1億3000万円の資産をつくるのは、このようにすれば決して難しくはないのである。

資産－負債＝純資産
給与収入－支出＝預貯金（資産）

これらをコツコツ貯蓄するやり方では1億円の資産は難しいのである。

（収入＋不動産収入）－（支出＋ローン返済）＝預貯金
資産（預貯金＋不動産）－負債（住宅ローン＆アパートローン）＝純資産

図13

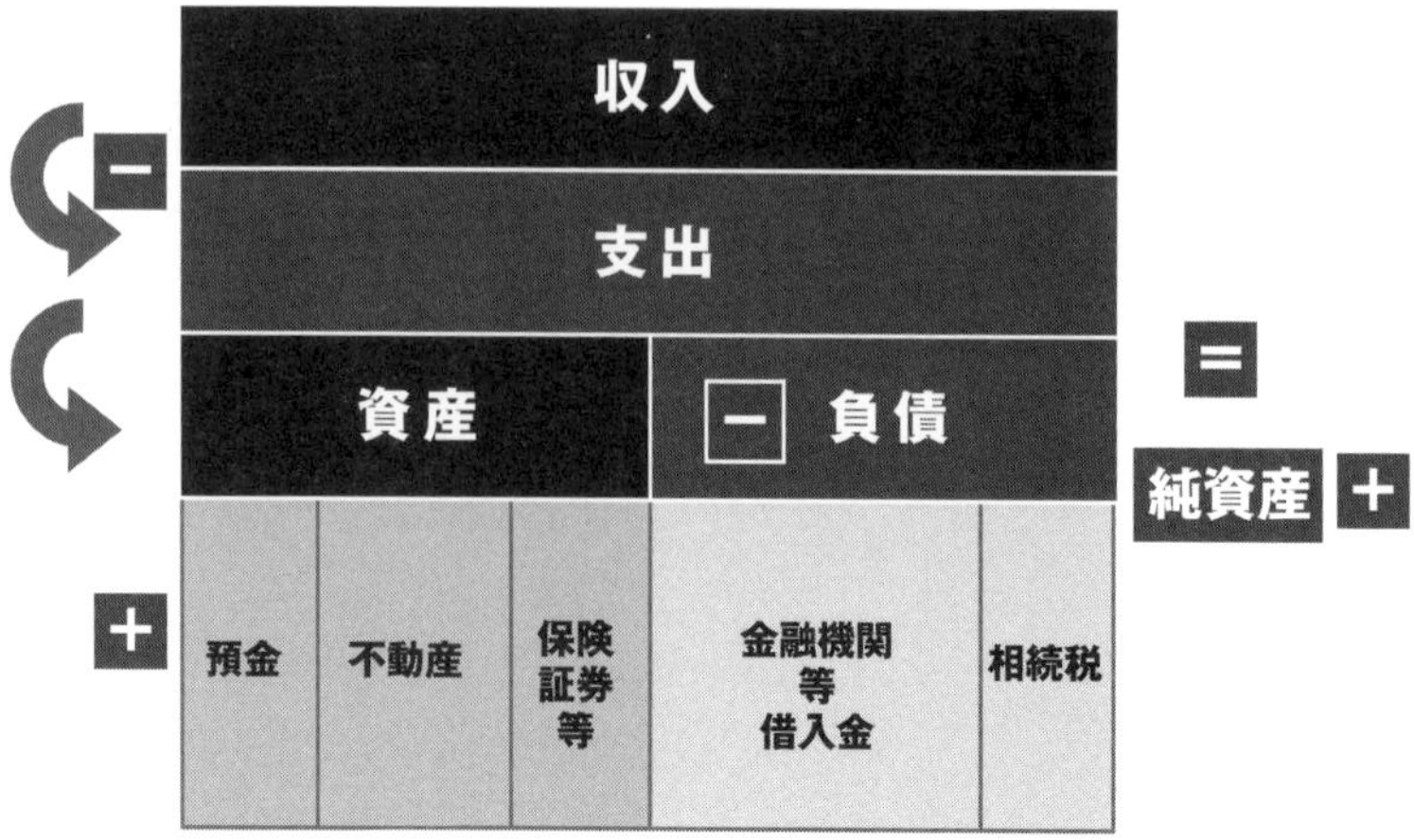

という形にすることで、純資産は加速度的に増大する仕組みができ上がる。

収入を増やして、支出を下げることで預貯金は増大する、そして賃料収入は一定であっても、負債が確実に減ることで純資産は加速度的に増大するのである。

8 私自身の初めての投資事例

私が最初に買った不動産の話を参考にしていただきたい。

この物件は2階建てで、1階、2階にスナックが入ったものを購入した。1階部分が駐車場付きで賃料は12万円、2階部分は11万円で月額23万円の収入があるものだ。購入価格は3000万円、自己資金300万円で借入金は2700万円、金利3％で20年返済のローンを組んだ。これをキャッシュフローとバランスシートに当てはめると**図14**のようになる。

これは不動産だけのキャッシュフローとバランスシートであるが、年間不動産収入は276万円、ローンの支払いが約180万円、資産は不動産3000万円、負債はアパートローンが2700万円である。ここで考えていただきたいのが、この物件を購入する前の資産は預貯金300万円、借入れは「0」なので、純資産は300万円。購入後は、資産は不動産3000万円、借入金は2700万円で純資産は同じく300万円であるということ。しかし不動産収入は276万円で支出（ローン支払い額）は180万円であり、毎年、96万円のキャッシュフローができたことになる。

図14　私が初めて不動産投資を行った物件の
キャッシュフローとバランスシート

購入後

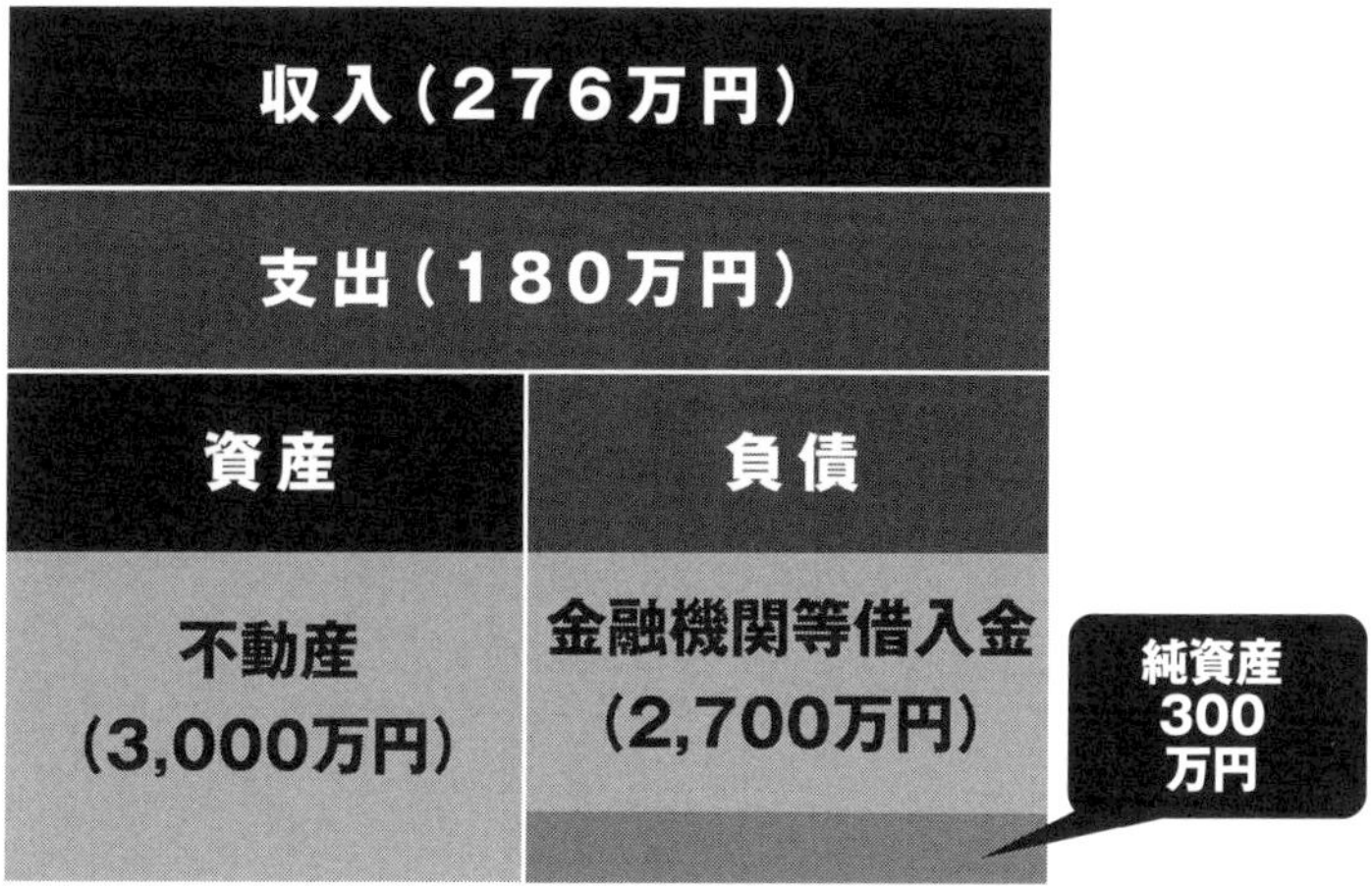

※純資産は同じ

購入前

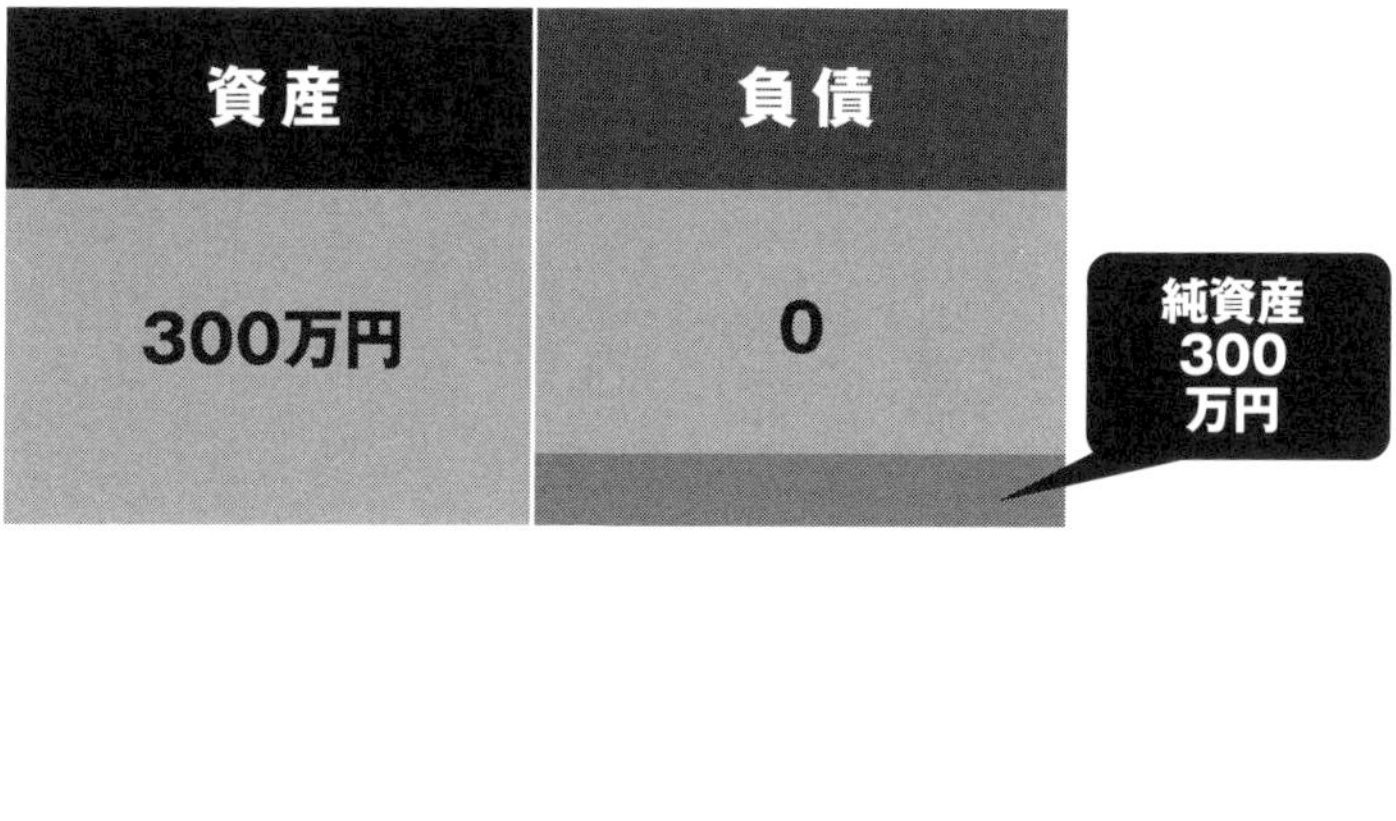

さて、この不動産だけでみたキャッシュフローとバランスシートであるが、10年経ったところで見てほしい（**図15**）。当然、不動産は上がったり下がったりしたが、3000万円の価格が維持できている。金利も変動金利で上がったり下がったりしたが、これも平均3％で計算すると**図16**のようになる。

年間96万円の収入は10年で960万円になり、資産の預貯金960万円に不動産の3000万円を加算すると3960万円になる。一方、負債はというと、2700万円の負債は10年後には1550万円に減っている。そこで純資産は、3960万円から1550万円を差し引いた2410万円ということになる。

たとえば、私が、この3000万円を銀行の定期預金に預けておけば、0・02％であれば利息は約6000円であり、資産は3000万6000円にしかなっていない（**図17**）。

つまり、結果から見れば、約2109万円を損したと考えるべきなのである。

この物件は、店舗という住宅よりリスクの高いものであり、利回りは9・2％だった。現金で購入すれば、あくまでも9・2％（276万円÷3000万円×

図15　この不動産投資物件購入後10年の
キャッシュフローとバランスシート

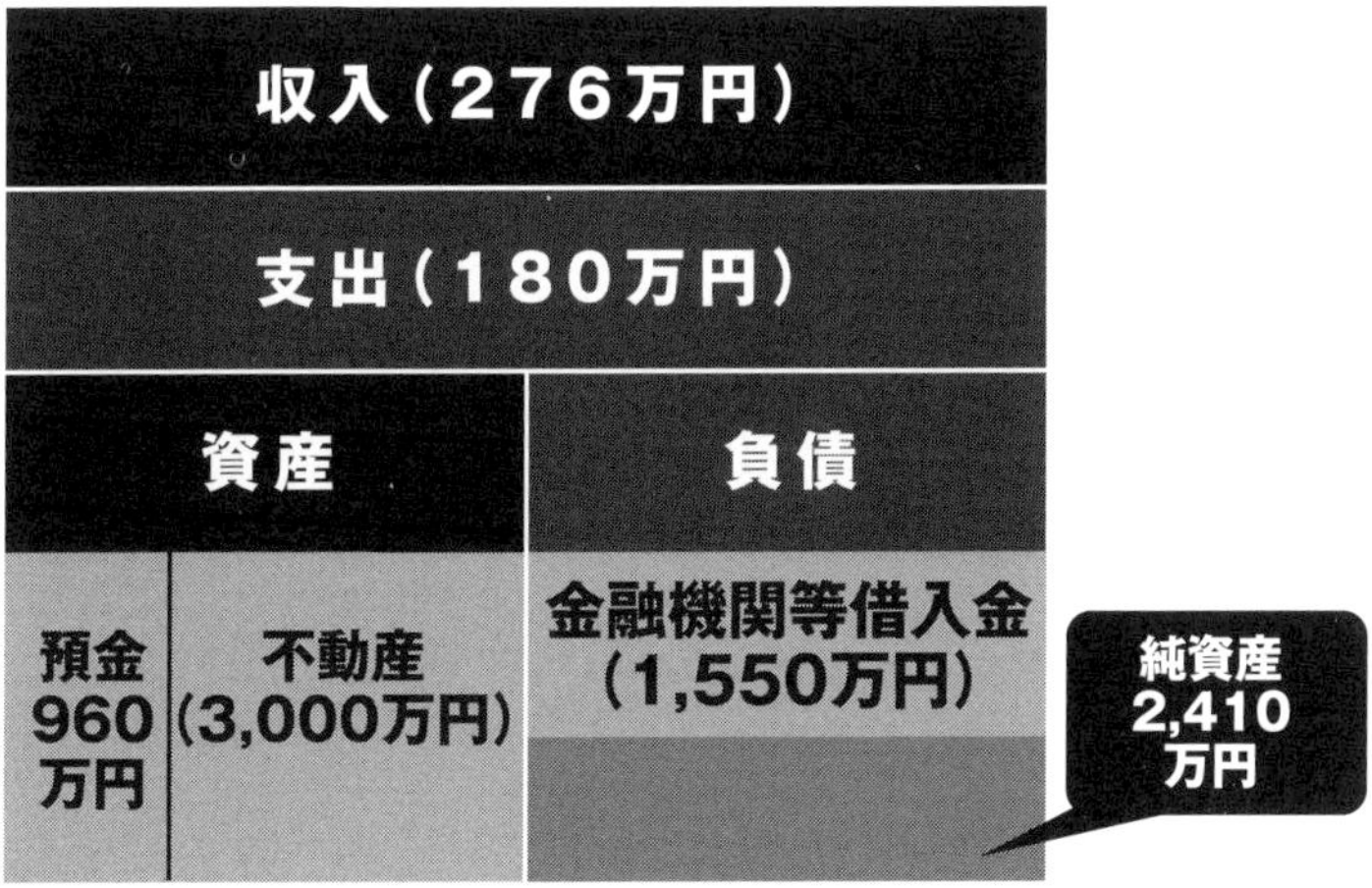

図16　DCF［discounted cash flow］の考え方

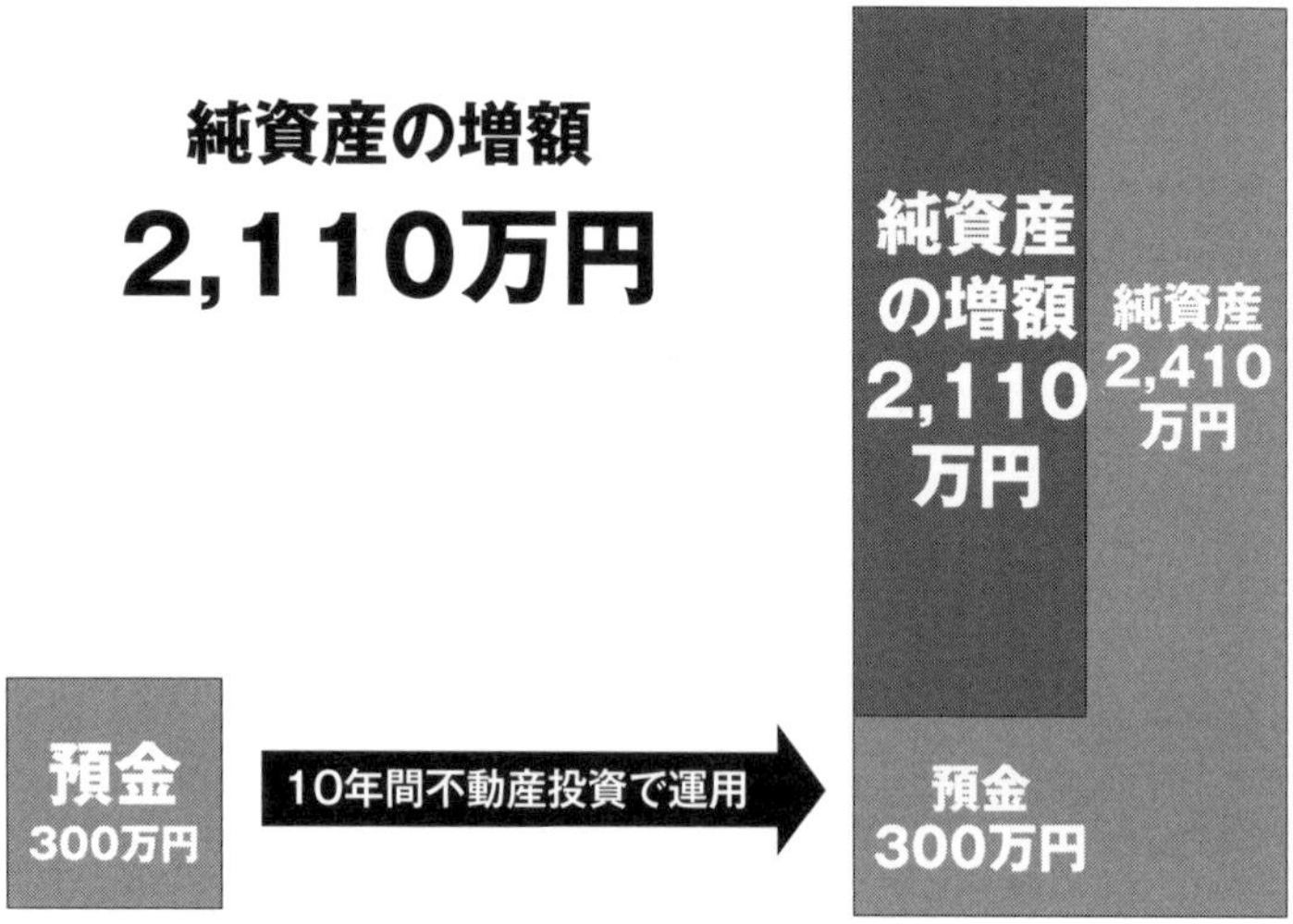

図17　DCF [discounted cash flow] の考え方

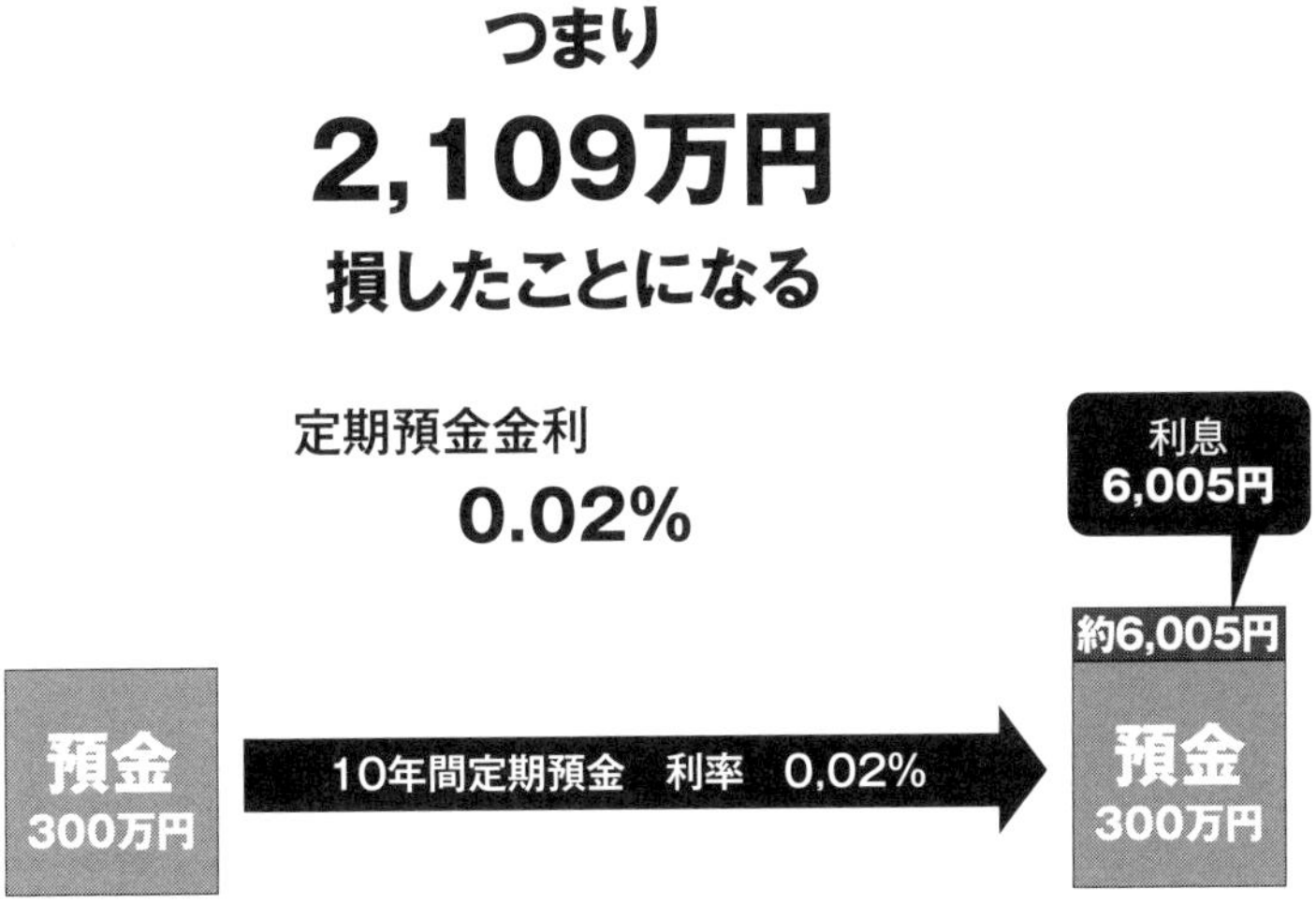

１００）なのだが、３００万円の純資産が10年で２４１０万円になっていることを考えると、とてつもない利回りになるのである。

専門用語で、ＩＲＲ（Internal Rate of Return　内部収益率）という指標がある。これは、初期投資額とその投資の現在価値が等しくなる割引率のことである。その投資が複利で何パーセントの投資かを計算する方法。実際の計算は、繰り返し計算を行い、ＮＰＶが0になる割引率を見つける方法で行う。ちょっと専門的でわかりづらいかもしれないが、ＮＰＶ（現在価値）と初期投資額が等しくなる「r」がＩＲＲである。計算式にすると、次のページの上部に掲げたようになる。

図18

NPV＝－初期投資＋CF1÷（1＋r）＋CF2÷（1＋r）2＋……＋CFn÷（1＋r）n
（CFn：n年後のキャッシュフロー）

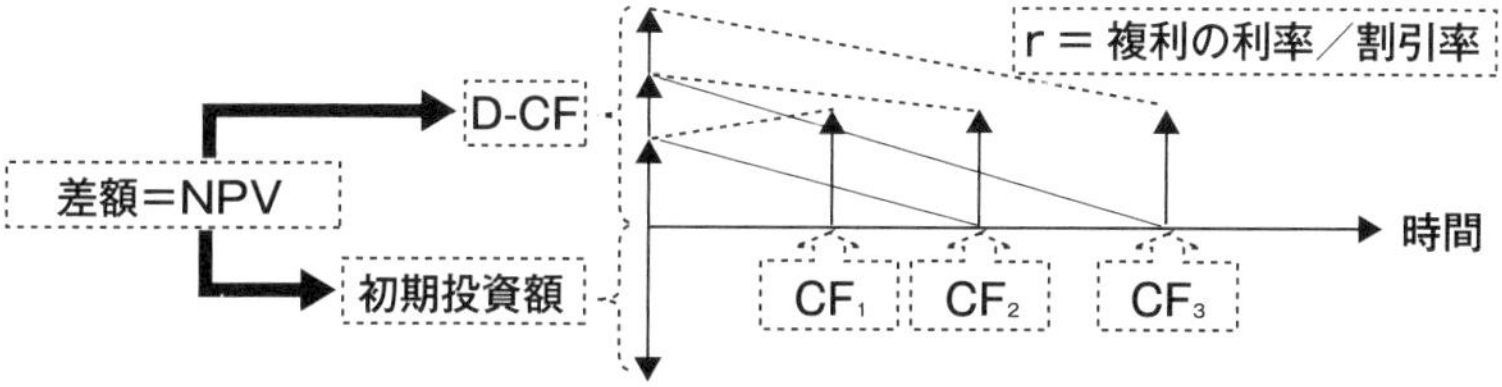

これで計算すると、なんと92・8％となるのである。もちろん本計算には諸経費や税金などの計算は含まれてはいないものの、投資の基礎はかような感じになるのである。もちろん物件の価格変動や金利の変動、入居率などの変動要素や税金などを加味すれば、かなり複雑な計算に至るわけだが、シンプルに考えると、こんな感じだ。

つまり不動産投資の場合は、純資産の増大が見込める有利な投資であるといえる。

これが世界の常識では、「不動産投資が一番リスクは低い」といわれている所以である。また、ついでに申し上げるが、欧米では、成功するには3人のパートナーが必要だといわれている。一人は弁護士、これは法律によって身を守るため、もう一人は税理士、これはなるべく無駄な税金を支払わないため、そして最後の一人は不動産の専門家、資産を拡大させるためには重要だといわれている。

そう考えると、世界の常識と照らし合わせて、日本の常識は非常識なのである。

それはさておき、私は、この手法を活用してCランクのサラリーマン時代に不動産投資を行い、Bランクのサラリーマン時代に5億円程度の不動産投資を行い、Aランクに仲間入りし、そして現在に至っているのである。

サラリーマンであっても不動産投資でオーナーになれば、Aランクになれるのである。

9 レバレッジ効果とは

たとえば1000万円のワンルームマンションでNOI（Net Operating Income 純収益）が60万円とする（**図19**）。多少、専門用語で解説するが、不動産投資の共通言語なので、ぜひ、そのまま覚えてほしい。投資指標には必ず出てくる用語である。これは収入（賃料）から、実際に発生した経費（管理費）を控除して求める数字だ。するとROI（Return on investment 投資収益率）は、6％（60万円÷1000万円×100）となる。この利回りを上げようとすれば、購入価格を下げるか、家賃を上げなければ利回りは変わらない。

また、不動産を購入するには、不動産取得税や登録免許税、印紙代、仲介手数料や登記するための司法書士の手数料などがかかる。これをおおむね10％ぐらい（実際には購入物件や借入額などによって異なる）かかったとすると諸経費は100万円、購入物件に対して自己資金を200万円用意するとなると、投資家としては300万円を用意することになる。

先にも書いたが、元金の支払いは資産に回るから、本来、初期投資分析では、金利部分が経費となるから、単純計算で800万円×3％の24万円が金利の支払

図19　不動産投資に有効なレバレッジ効果

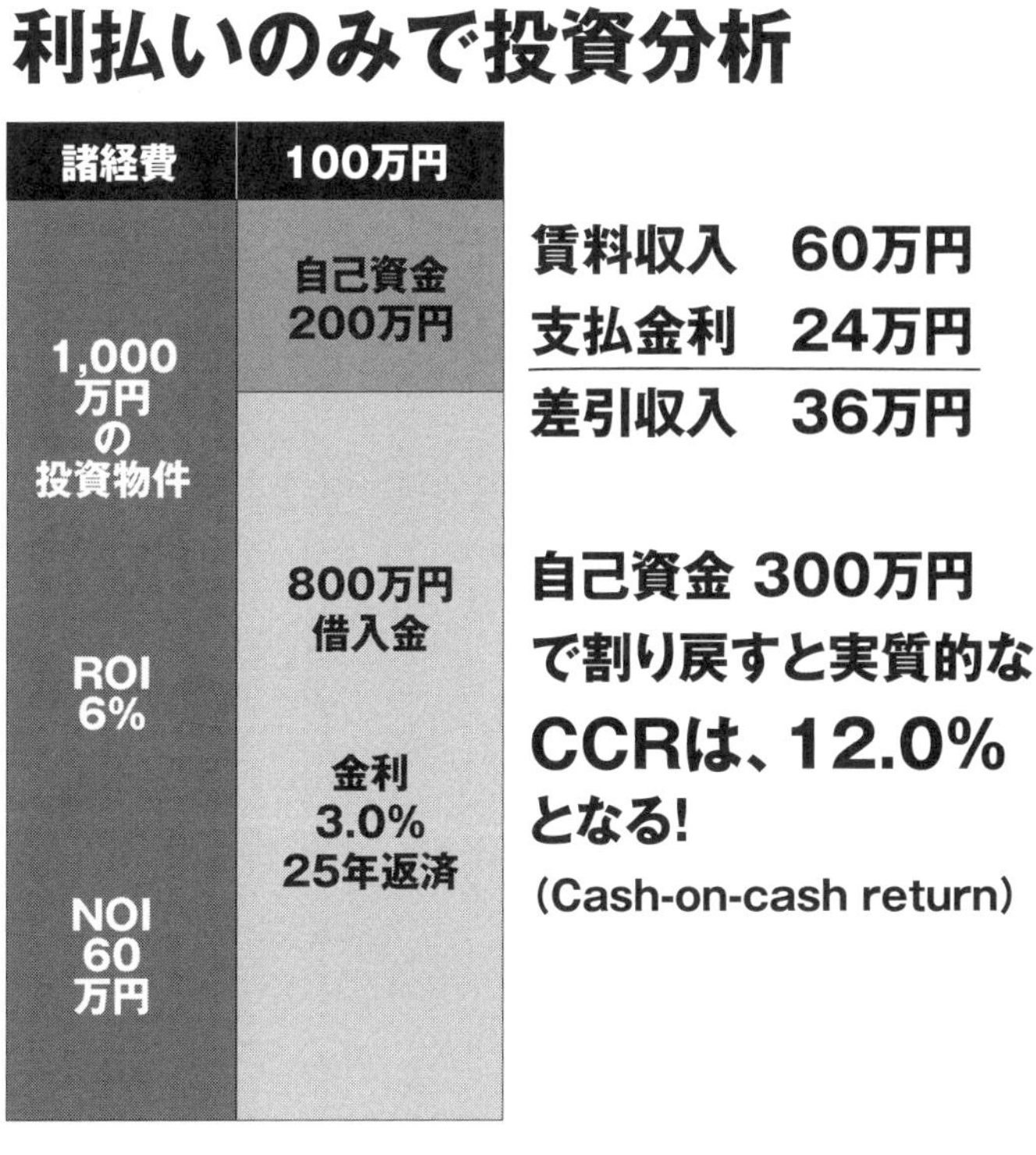

いである。すると図20のようになるわけだが、賃料収入60万円から支払金利24万円を差し引くと、36万円の収入になる。そして、この物件に投資した金額は自己資金200万円と諸経費の100万円であれば、合計300万円である。

300万円を投じて、出てきたお金（収入）は36万円ということになる。この36万円を300万円で割ったものが、ひとつの投資利回りと考えることができる。

36万円÷300万円×100＝12％となる。

これをCCR（Cash-on-cash return）という。

次に、そうはいっても、ローンの返済のうち、元金も財布から出ていくには変わりがないから、同じCCRを出してみる。アパートローン800万円を3％で25年返済で計算すると、年間約45万5000円となる。実質賃料収入60万円からアパートローンの返済額45万5000円を差し引くと、14万5000円になり、これを300万円で割ると、CCRは4・83％になる。これは実際の投資額に対するキャッシュフロー上の利回りになる（図21）。

ここで、もう一つ、不動産投資指標の解説をする。

図20　不動産投資指標

CCR（Cash-on-cash return）＝

12%

$$\frac{\textbf{36万円}\ \text{キャッシュフロー}}{\textbf{300万円}\ \text{自己資金（エクイティ）}}$$

**実質収入を実質投資額で割ることによって
本来の投資に対するリターンを求められる**

図21　不動産投資に有効なレバレッジ効果

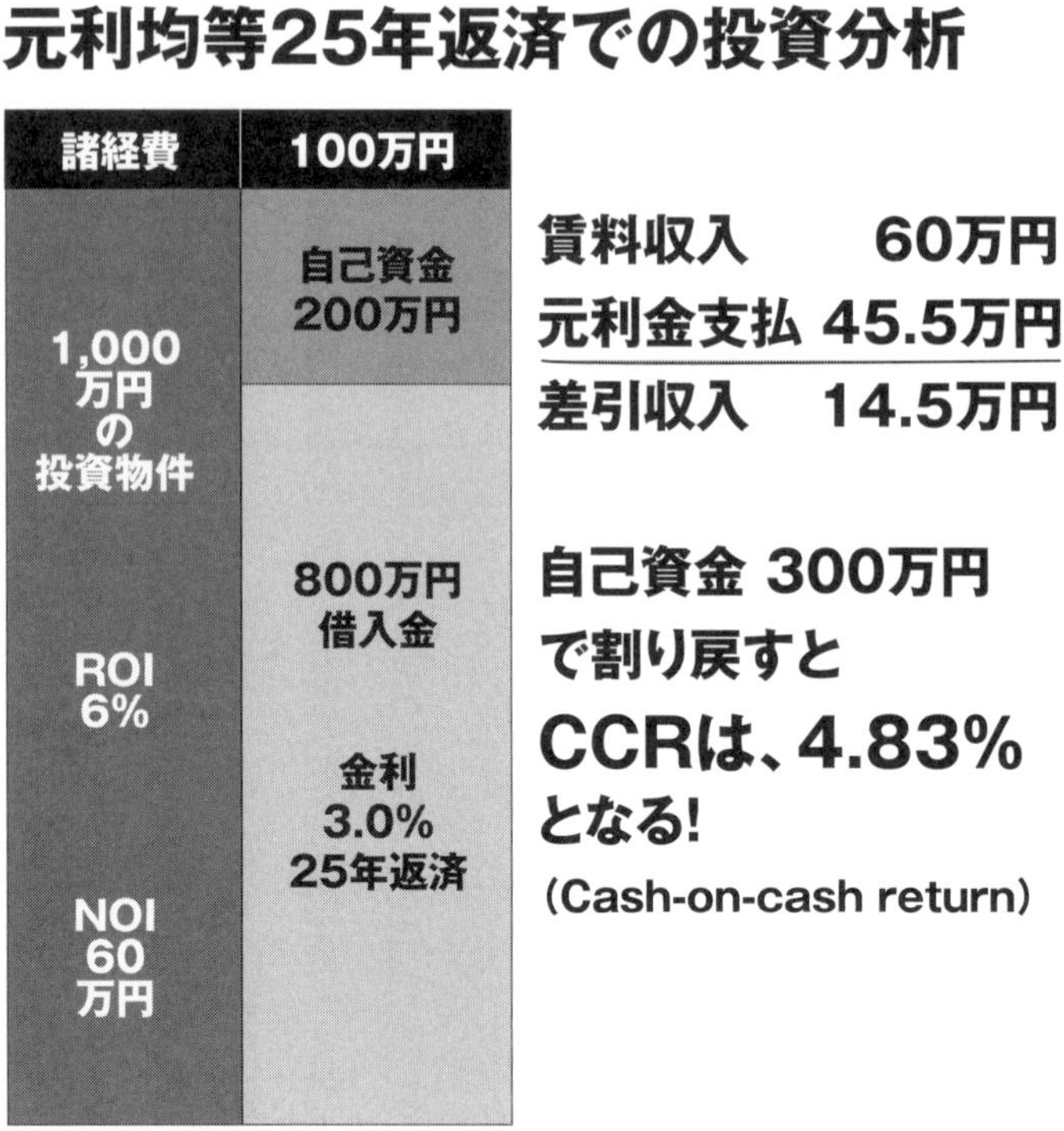

図22の投資物件は、購入価格１０００万円でＮＯＩ（ネット収入）が60万円だからＲＯＩは６％だとしているが、実際、投資家は諸経費の１００万円も投資しているので、実質利回りは60万円÷（１０００万円＋１００万円）×１００で５・45％になる。これをＦＣＲ（Free and Clear Return）という。

　投資家としては、これが実質的な利回り数字となるわけだ。

図22　不動産投資指標

FCR（Free-and-Clear-Return）＝

5.45%

$$\frac{\text{60万円 NOI（ネット収入）}}{\text{総コスト 1,000万円＋100万円＝1,100万円}}$$

10

それぞれの個人属性を示す
ローンコンスタント（K%）

さて、この「ローンコンスタント」は何かというと、ローンの支払いでは元金と利息を返済するわけだが、たとえば金利が3％であっても、支払額は一定ではない。まず、返済年数によって異なる。

図23を見ていただきたい。金利3％で20年返済の場合、借入金額1000万円だと66万5517円が年間支払額になる。ローンコンスタントとは、この年間返済額を借入金額で割ったものなので6・66％ということになる。次に借入金額2000万円で計算すると、年間返済額は133万1034円となり、同様な計算をすると、同じく6・66％となる。つまり同じ数値であり、金額に関係なくローンコンスタントは6・66％なのである。

ここで解説するのは、個人の属性は、このローンコンスタントで量れるということだ。

たとえば、金融機関からみた評価基準がある。

不動産を購入しようとする場合、基本的に個人の属性と物件の担保力の両方で

図23

	20年返済	年間返済額	ローンコンスタント
金利3%	10,000,000	665,517	6.66%
金利3%	20,000,000	1,331,034	6.66%

図24　個人の属性と不動産担保力

信用創造は個人の属性

- **Aランク**
- 公務員や上場会社勤務等
- **Bランク**
- 通常の会社員等
- **Cランク**
- 自営業者等（業績による）
- **Dランク**
- 貸せない人

物件の担保力

図25　個人の属性と不動産担保力

Aランクの人の場合

信用創造は個人の属性

- **Aランク**
- 公務員や上場会社勤務等

- 金利優遇
- 物件担保力を属性でカバー
- 有利な条件が獲得できる

満額融資
＋
金利優遇
＋
何なら諸経費融資

審査される。ちなみにAランクの人は、公務員とか上場企業の社員などである。もちろん潤沢な資産を持つ会社経営者とか、不動産オーナーとかもAランクとなる。この場合、1億円の不動産を買おうとするときに、物件の担保力が90％であっても、個人の属性が良ければ、1億円丸々借りられたり、金利も優遇されたりする。さらに通常の銀行とかで借りられるので有利な金利で借りられることもある。仮に1億円を金利1・5％の30年返済で借りられたとすると、年間支払額は414万1442円の支払いであるから、ローンコンスタントは4・14％となる。

（414万1442円÷1億円）×100＝4・14％

つまり、他の属性より有利な投資ができるようになっている。私のクライアントでは、30年返済で0・5％で資金調達できる人もいる。彼の場合、ローンコンスタントは3・59％なのである。

図26　個人の属性と不動産担保力

Bランクの人の場合

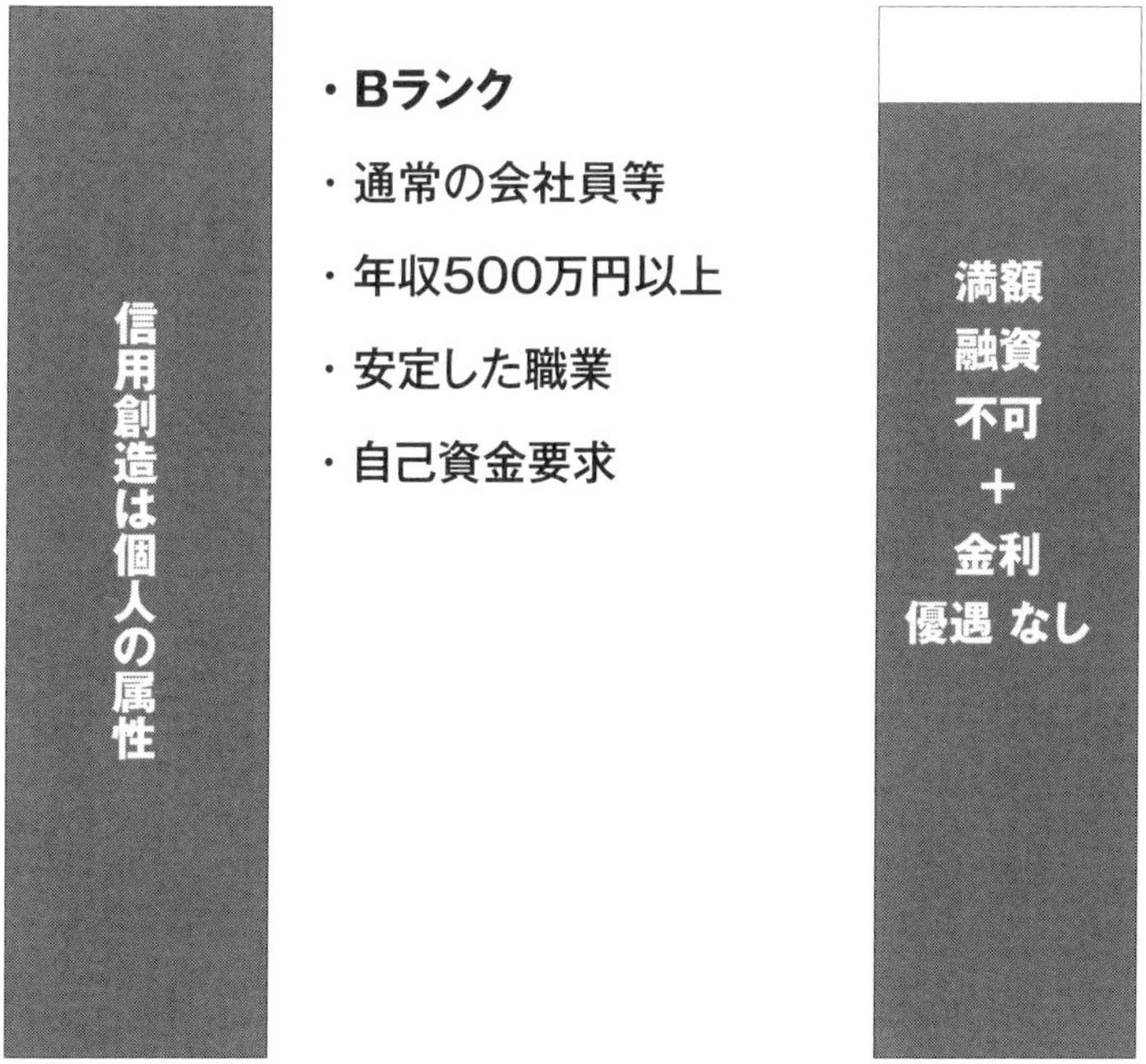

ではBランクの場合は、どうなるか。Aランクとは違い融資は可能だが、満額は融資が受けられないだけではなく、10％ほど自己資金を入れてくださいということになる。また、銀行ではなく、ノンバンクからの融資になるケースもある。この場合、1億円の物件を購入するにあたり1000万円ぐらいの自己資金が必要となってきて、金利も優遇されないので、仮に2・5％で9000万円、30年のローンを組めたとすると、年間支払額は426万7306円の支払いであるから、ローンコンスタントは4・74％となる。

（426万7306円÷9000万円）×100＝4・74％

ここで比較すると、Aランクの人は1億円借りたのに年間支払額は414万1442円、Bランクの人は9000万円、つまり1000万円少ない借入れなのに年間支払額は、Aランクの人より高い426万7306円の支払いなのである。そして借入金額に関係しないローンコンスタントはAランクの人が

4・14％、Bランクの人は4・74％なのである。

さらにCランクだと、さらに自己資金を増やさないと不動産投資をスタートできなかったり、金利も高くなる。

つまり、Aランクの人たちは、利回りの低い都心部の物件を難なく購入できるが、Bランク、Cランクの人たちは、自己資金を多く出したうえに、多少利回りの高い空室リスクの高い物件を買うことになるのである。

Dランクの人に至っては、ローンの借入れさえできない。

さて、ここで言いたいのは、属性は大事だということ。上記の例を見れば、どちらが有利かは明白である。

ついでに投資指標の解説をさせてもらうが、レバレッジを利かせる投資の場合、このローンコンスタントが上記のCCR、およびFCRより下回っていなくてはならず、上回っている場合は、レバレッジが利かない投資になるのである。

なお、このローンコンスタントは個人個人、あるいは金融機関によって異なる

図27　個人の属性と不動産担保力

Cランクの人の場合

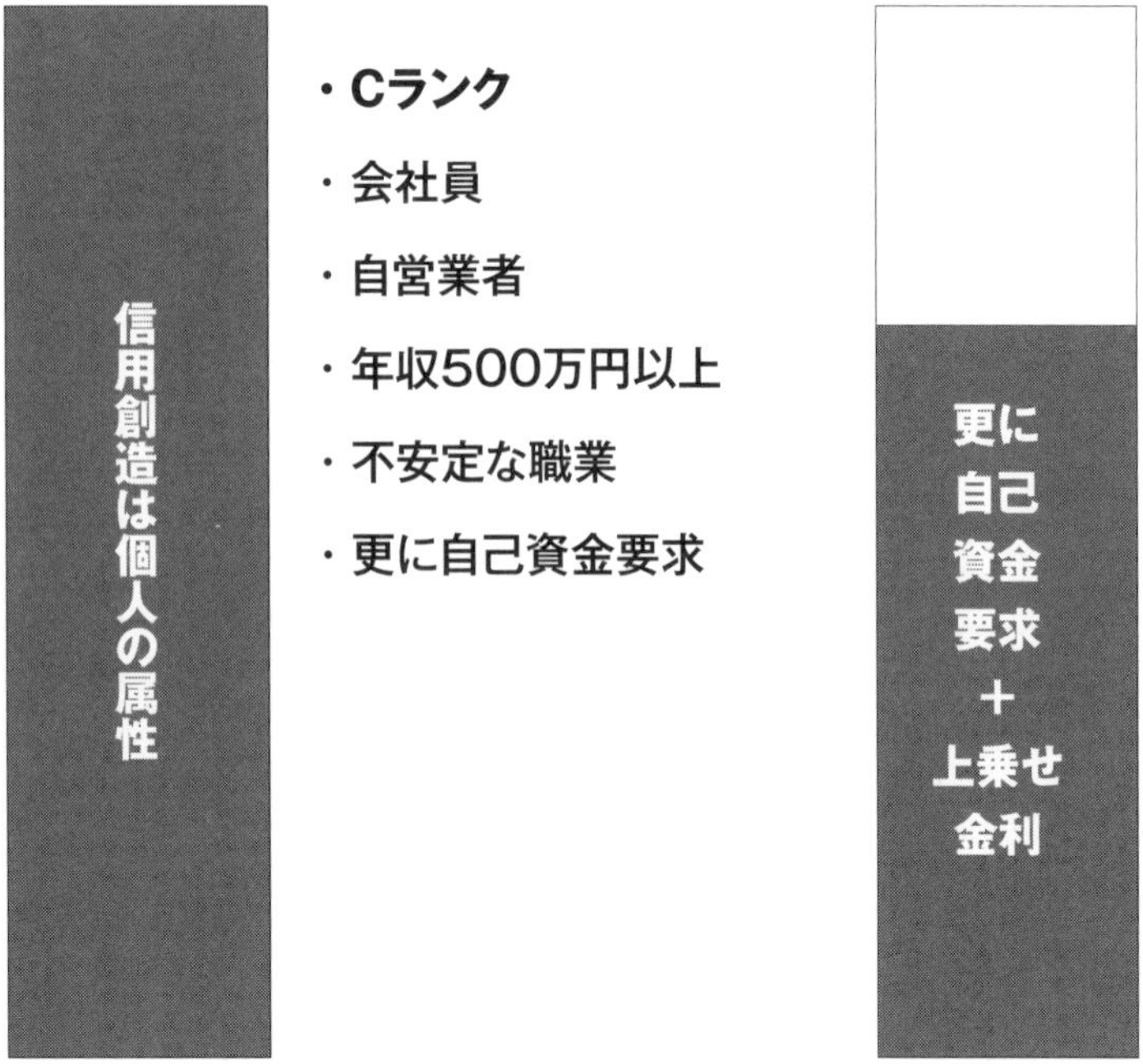

ので、不動産投資を行う場合は、最初に金融機関に打診する必要があるのである。これは、意外に知られていないが、不動産投資をするには重要なことである。

例としてお話しするが、以前、私に相談にのってもらいたいという自営業の方が見えた。

かなり勉強熱心な方で、私の話す不動産投資指標もある程度理解できている。なんと、その方、かなり高額な不動産投資の勉強会に参加したりして5年ほど経ったらしい。いざ、お金も貯めて不動産投資に踏み切ることになったのだが、その参加した高額なセミナーでは、どのようにしたら良いかを教えてくれなかったという。自己資金は2000万円ほどあり、高級車にも乗っていた。普通に考えれば、不動産投資に簡単に踏み切れるようにも思えたが、残念ながらすぐに投資には踏み切れなかった。なぜかというと、過少申告。実際の収入は多いのに、年収300万円ぐらいの所得しか申告していなかったのでDランクだ。結局、翌年から申告所得を修正してもらい、3年後に不動産投資を始めることができたのである。

したがって、個人の属性は重要なのだ。

とくに普通の会社員は、なるべく属性を高める努力をするべきなのである。

私の場合、零細的な不動産会社の営業職で就職し、その後、その会社の中で管理職になった。入社したころは実質15名くらいの会社だったが、私が退職する頃には130名くらいの中堅企業に成長していた。また経営者が節税などを考えずに多額な税金を払ってくれていたので、会社の評価も高くなっていた。そのお蔭で個人の属性は高くなっていたし、不動産所得と合わせた所得も高かったので、どんどん属性が向上した。つまり、現在の属性が低くても、その会社の業績次第では改善ができるのである。

また、最初に投資物件を購入したときは、まったく金融機関から相手にされなかったが、物件を増やして実績を積むことで属性はどんどん改善されるのである。もちろん金利も優遇され、期間も長く借りられることになった。

ちなみに前述した３０００万円の不動産投資の際は、２７００万円を20年返済（当時、これでも長かった）、当初、金利はなんと４・75％である。すると、ローンコンスタントは７・75％だったのだ。これでも当時は、史上最低の金利といわれていた。これと比べると、現在の低金利が、いかに有利になっているかがわかると思う。

11

普通の人が億万長者になれるのに、なぜ多くの人が失敗するのか

ここまで読んでいただければ、普通の人が億万長者になれる方法は理解していただけたと思う。3000万円ぐらいの家を買って、1億円ぐらいの不動産投資を行い、ローンの完済をすれば良いだけだ。何ら難しいことではなく、Cランク、Bランクの人でも簡単に億万長者になれることがおわかりいただけたと思う。

しかし、では、なぜ、不動産投資で失敗する人が増えているのか。

これまで書いてきたことは、あくまで理論上の話であって、失敗する人の多くは、投資に見合う物件ではないものを購入して失敗しているケースが多い。

たとえば、「かぼちゃの馬車」の事件は、かなりマスコミで取り上げられたから知っている人も多いと思う。

かぼちゃの馬車は、スマートデイズという会社がサブリース事業で展開していた女性専用シェアハウスのブランド名だ。この会社が行っていたサブリース事業では、投資家に対して30年間の家賃を保証しており、不動産投資の初心者にとっては非常に魅力のあるものだった。しかし、30年間家賃を保証するという契約を交わしたにもかかわらず、2017年には支払う家賃の減額を請求し、2018年以降、家賃の支払いを止めて経営破たんした。その結果、これを真に受けて投資した人たちが多額の借金を抱え、さらには、この投資に融資した金融機関までもが詐欺に加担したとして訴えられるまでに至ったものだ。

このスマートデイズという会社は、我々、不動産の専門家の想像を超える家賃設定で、その金額に基づくサブリースの借上げ賃料も高く設定されていた。

実際、私のところにも3人ほど、提案された計画書をもって相談に来られた方もおり、即座に止めるように伝えた。私が見た限りでは、このシェアハウスの賃料は、せいぜい4万円程度の賃料のところを7万円で借り上げる計画になっていた。また、これに携わっている某金融機関が、全額融資をするという無謀な計画だった。結局、後でわかったことだが、この会社は、サブリース事業の家賃収入で収益を得るのではなく、工事の請負会社からのキックバックをコンサルティング費用として受け取っており、したがって、建築物を建て続けなければ事業が成り立たないビジネスモデルだったのである。サブリースを提案してくるハウスメーカーなども、おおむね似たようなビジネスモデルであるが、このスマートデイズは建築費の50%のキックバックを請求していたそうだ。つまり半額で建てたものを投資家は倍で買わされるわけだから、粗末な建物を高額で買ったことになる。普通なら、そんなことがまかりとおるはずはないのに、某銀行が書類を改ざんして融資をし、またタレントなどを使ってCMなどをして安心させ、詐欺的手法で事業を拡大した。かぼちゃの馬車事件の被害者が約700人、被害総額は1000億円を超えるといわれている。

このスマートデイズの話は、かなり悪質な例だが、サブリースをもちかけて販売する手法は、多かれ少なかれ事例として存在する。

なぜ、不動産投資で騙されるか、である。

不動産投資は、不動産を買って、人に貸す「商売」である。株式投資などの他の投資とは違い、どちらかというと投資というものではなく、事業に近い商売だ。したがって、賃料の相場や需要を見極められないと、前述のような詐欺的商法に引っかかってしまうのである。

賃料は、借りる人が決めるもので、その不動産の位置する地域によって、相場が形成されるものである。例としてあげた私の相談をうけた地域の「かぼちゃの馬車」の相場は、せいぜい4万円で貸せるかどうかの物件だった。本来であれば、シェアハウスの経費率は高く、仮にサブリースで借りて商売するとなると、3万円以下で借り上げないと商売にならない。それを7万円で借り上げるなど、尋常な提案ではないのだ。したがって、この賃料相場が読めないと、この被害者と同様に投資どころか、全財産を失うことになってしまうのである。

とくに、地方在住の公務員や医者、上場企業の社員などは気を付けていただきたい。

高額所得者や公務員などの名簿が出回っており、そこに電話営業で不動産投資を勧めてくる業者は多い。ここでは、我々が考える相場以上の高額で、さらに提携ローンと称して100％融資が受けられるという理由で買ってしまう人が、結構、いるのである。実際に私が相談を受けた人では、だいたい、当時の相場で1500万円ぐらいの物件を2400万円で購入し、かような物件を3件立て続けに購入して、次の物件が買えなくなったというものである。

前述したようにAランクの人たちには、金融機関は有利な条件で融資をする。ところが、不動産の価値によって担保できる範囲も決まっている。たとえば上記の人の場合、Aランクの信用力で2400万円×3戸＝7200万円の借入れができたとしても、物件の担保力が相場と照らし合わせて1500万円×3戸＝4500万円とすれば、2700万円の債務超過となってしまうのである。

すると、Aランクの人なのにDランクに陥ってしまい、少なくとも2700万円の債務超過が解消できない間は銀行からの融資が受けられない、ということになってしまうのである（図28）。

億万長者を目指すには、かような目に遭わないよう、リスク管理も重要なことだ。不動産投資をする場合は、不動産の価格相場と賃料相場に明るい専門家を選ぶようにするべきだ。

図28

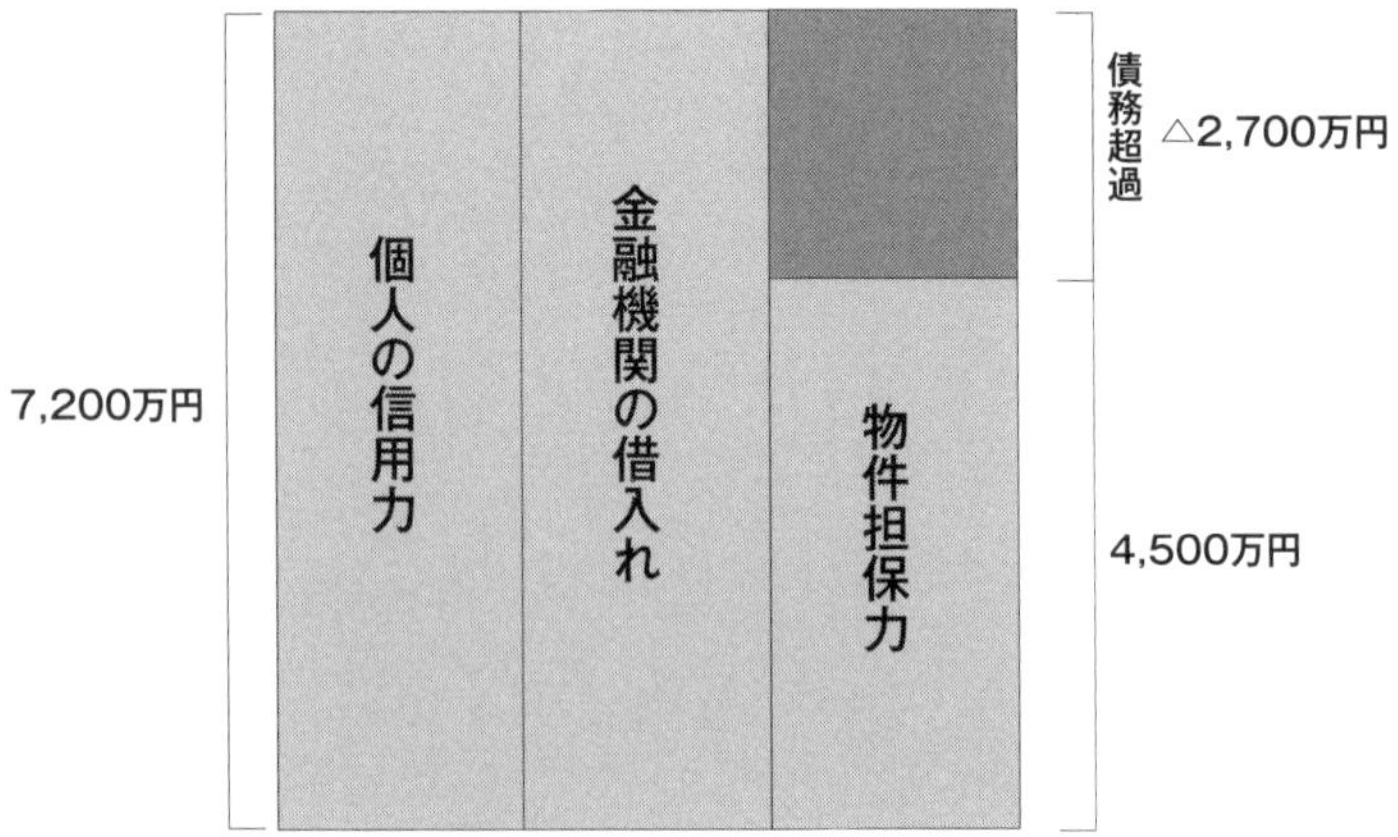
個人の信用力
金融機関の借入れ
物件担保力
7,200万円
債務超過
△2,700万円
4,500万円

12

規模の拡大を目指すには、資産管理法人化

本書においては、普通の人が億万長者になれる方法ということで、あまり専門的な難しい表現はしてこなかった。しかし、ここでは、ちょっと専門的な話をわかりやすく解説しよう。

私の場合、前述したようにサラリーマン時代に5億円程度の不動産投資を行ってきた。家賃収入は年間3000万円を超えており、前述したように金融機関のローンを定年前に支払いを完了してしまえば、老後は安泰だと考えていた。したがって、すべてのローンは60歳で完済するように、40歳を過ぎてからは短期間で返済できる計画を立てていた。たぶん、それは読者から見て夢のような話だと思う。私は、60歳でリタイアし、老後は家賃収入で生活ができるようになったのである。サラリーマン時代は、年収で1500万円ぐらいだったところ、60歳で退職した時点で家賃収入が3000万円を超え、諸経費を引いたところで2800万円程度のキャッシュフローの投資が実現できたのだから。

しかし、結果として41歳で前職会社の経営者と会社の経営方針について意見が分かれ、突然退職し、瞬間的にいまでいう「FIRE（ファイア）」と呼ばれる早期リタイアが実現できた。

たまたま、その暇な時期に、以前から依頼を受けていた不動産投資の著書「アッと驚く、不動産投資」（住宅新報社）の執筆をし、1年ほどは建設会社と不動産会社の経営コンサルの仕事をし、企業に対する経営や営業、社員教育まで、さまざまなコンサルティングを行っていた。

ところが、この年の11月に、「金持ち父さん、貧乏父さん」（ロバートキヨサキ著）が発売され、不動産投資の人気が高まり、日本で初めて書かれた不動産投資の私の本が売れたことで、一般サラリーマン向けの不動産投資のコンサルティングを行うことになったのである。

※この詳細は「教訓。」（プラチナ出版）をご覧ください。

そんな環境の変化の中で、サラリーマン時代から行っていた相続対策や事業継承なども、業務の中で行うようになり、医者の不養生というか、紺屋の白袴というか、自分の相続対策を行っていなかったのである。

本書は、相続対策の専門書ではないので、簡単に説明するが、相続税の計算は**図29**のようになる。専門書などは難しく文書で書かれているが、この図のようにしてみるといたって簡単なものだ。

「課税価格」の計算は、「遺産の総額」－「非課税財産」－「債務」＋「相続開始前3年（2024年1月1日以降からの贈与は7年）以内に贈与された財産」である。「遺産の総額」は「不動産＋金融資産＋みなし財産＋その他」であり、この不動産は相続税評価額を出さなくてはいけないが、金融資産である現金預貯金、所有株は亡くなった時の価格であり、みなし財産とは、死亡を基因とする生命保険金とか、生前に勤めていた会社から支払われる退職金とかであり、その他は家の中にある高価な家財などである。

そこから「非課税財産」を差し引く。この「非課税財産」は墓地とか、生命保険非課税枠分（相続人一人当たり500万円）、公益財産（学校に貸している土地など）を足した金額である。普通の人は生命保険非課税枠分だけである。

図29　相続税の課税計算のシステム

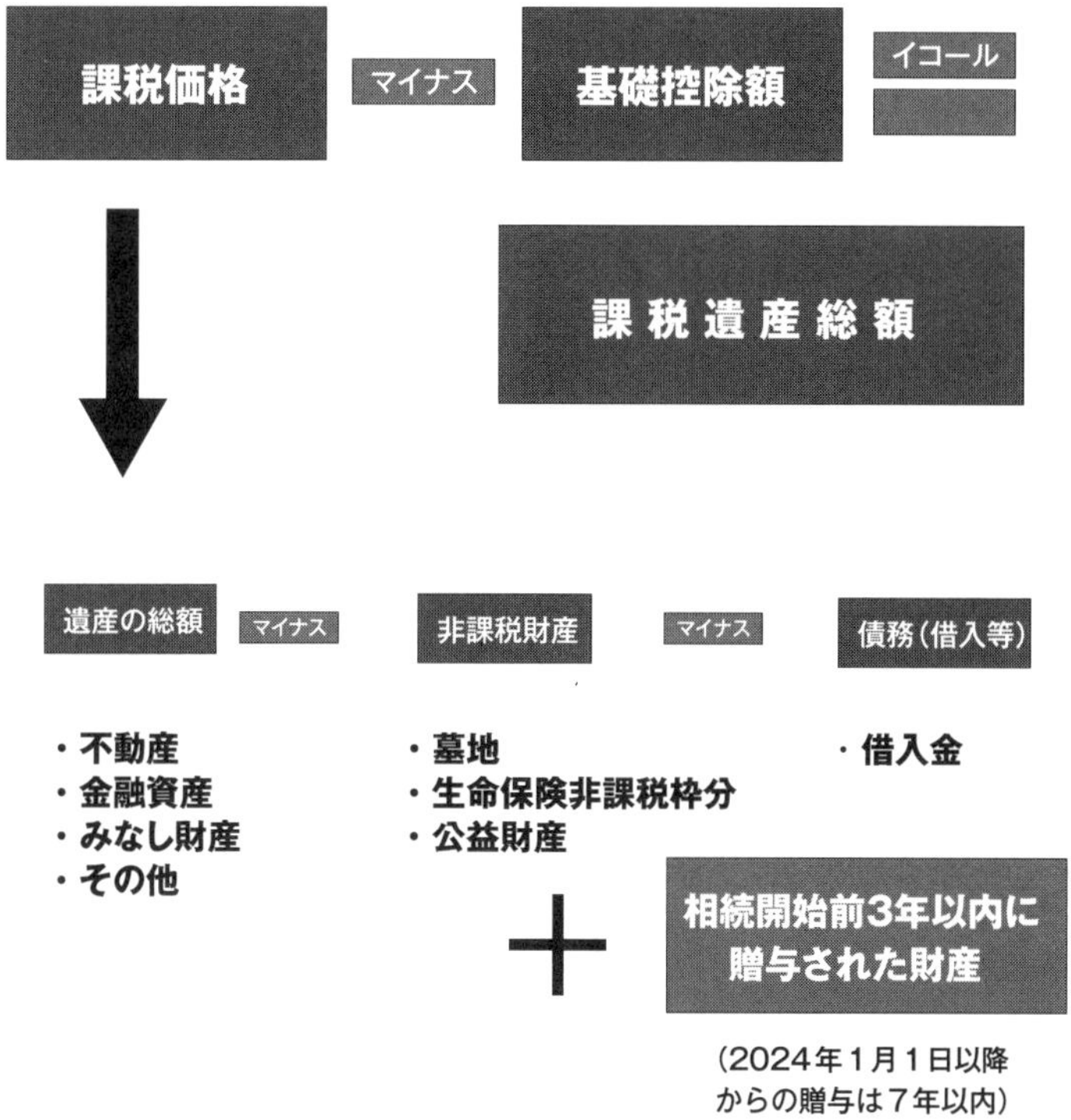

さらに、そこから「債務」を差し引く。債務と言うのは金融機関などからの借入金等である。

そして、これらに生前に贈与等があれば、相続開始前3年（2024年1月1日以降からの贈与は7年）以内に贈与された財産を加えたものが課税価格である。こうやって図にすることで、読者にもわかりやすくなったと思う。

この「課税価格」から「基礎控除」を差し引いたものが、「課税遺産総額」というわけだ。この「基礎控除」というのは、**図30**のように父親が亡くなり、妻と子どもが3人の家庭では、相続人は4人であり、「3000万円＋（600万円×4人）」で5400万円が基礎控除ということになる。

さて、この「課税遺産総額」が出たところで、課税遺産総額×それぞれの法定相続分×表にある税率－表にある控除額を計算したものが、それぞれの法定相続分に応じた税額になる。

法定相続分というのは**図31**のようになるが、配偶者がいれば、その配偶者が2分の1、この家庭では子どもが3人なので残りの2分の1を3人で分けるので6

図30

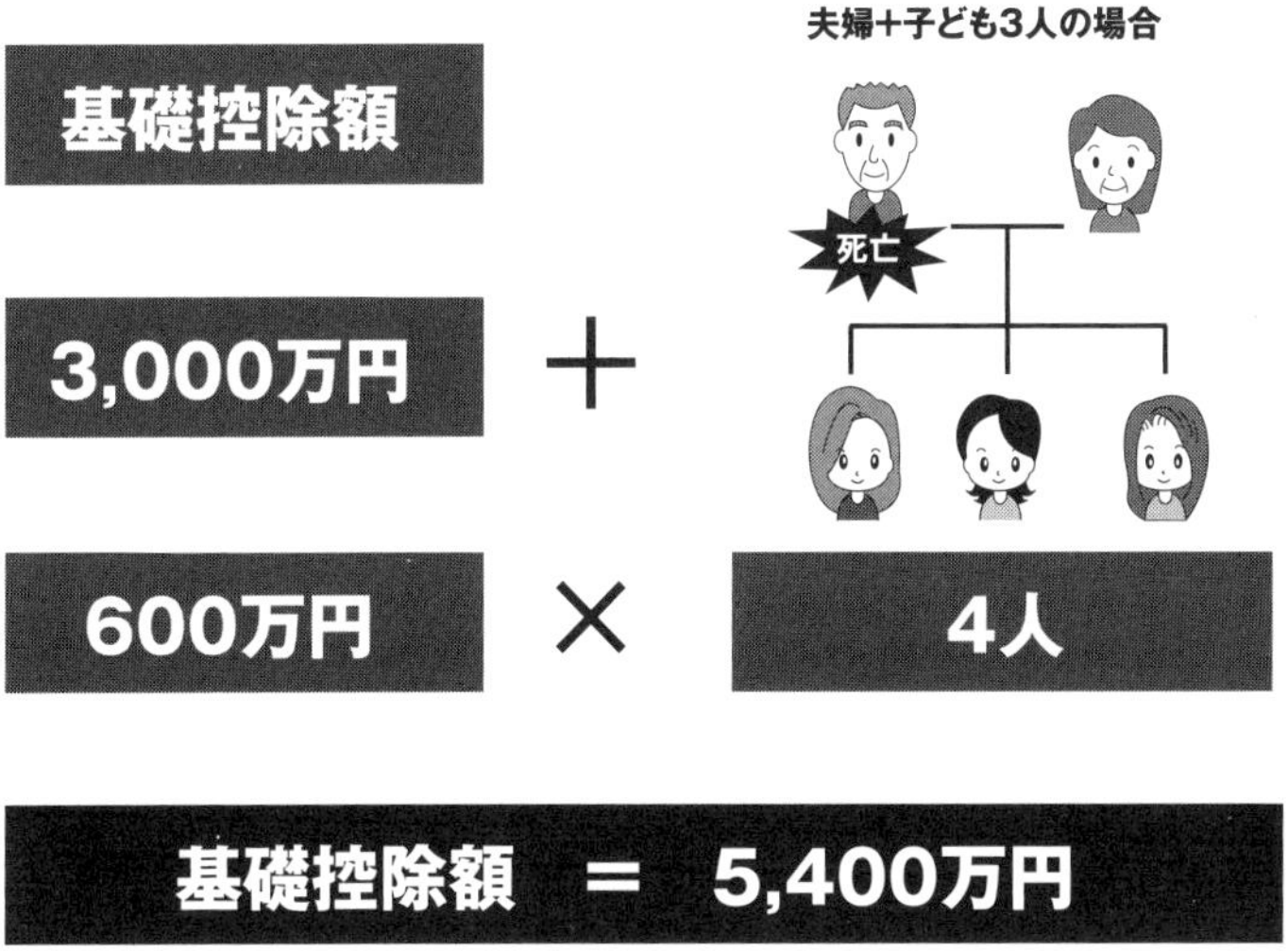

図31

法定相続分　夫婦+子ども3人の場合

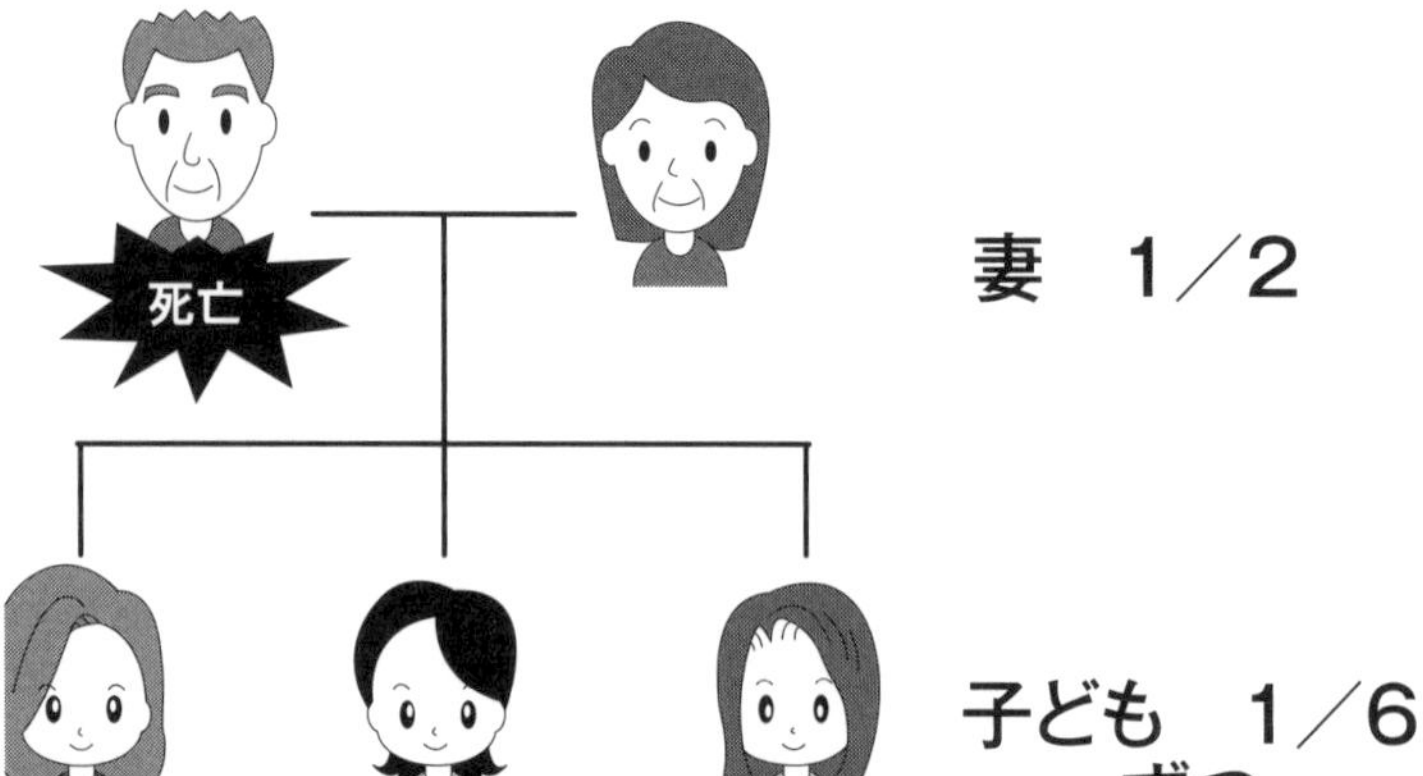

分の1ずつとなる。

そして、それぞれの法定相続分の相続税を出して、その総額から配偶者控除を差し引いたものが相続税納税額になるのだ。

ちょっと解説が長くなってしまったが、これでも相続税に関する説明としては、図を示して簡素化した解説である。

さて、何が言いたいかというと、私が資産を形成する上で「失敗した！」と思ったのが、この相続税である。

図32

課税遺産総額

課税遺産総額 × それぞれの法定相続分 × 税 率 − 控除額

=それぞれの法定相続分 に応じた税額

それぞれの法定相続分 − **配偶者控除 = 相続税納税額**

に応じた**税額の総額**

法定相続人の取得金額	税 率	控 除 額
1,000万円以下	10%	0万円
3,000万円以下	15%	50万円
5,000万円以下	20%	200万円
1億円以下	**30%**	**700万円**
2億円以下	**40%**	**1,700万円**
3億円以下	45%	2,200万円
6億円以下	50%	4,200万円
6億円超	55%	7,200万円

13

私が資産管理法人を選んだ理由

さて、**図33**を参照していただきたい。

私の40歳当時のキャッシュフローとバランスシートである。

家賃収入は諸経費を引いて年間2800万円ぐらい、給与所得は年収1500万円ぐらいあったから、合計すると4300万円ぐらいが年間収入になる。そして生活費は年間800万円、税金が年間500万円、そしてローンの支払いが年間2700万円ぐらいだとすると、収支は年間300万円ぐらいが預貯金に回ることになる。そして不動産の時価額が4億5000万円、預貯金は500万円だとする。そして、当時の金融機関の借入残は3億2700万円とすると、純資産は1億2300万円となる。この時点で借金はあるものの億万長者は達成することになる。

では、相続税の計算となると、不動産の場合は「相続税評価額」に圧縮できるので、その計算をしたのが、次の**図34**である。

不動産の評価額は相続税評価額だと、3億5000万円程度に圧縮できる。もちろん保有する物件によって評価額は異なるのだが、私の保有する物件は、居住

図33　私自身40歳の時（時価額）

図34　相続税の課税計算のシステム

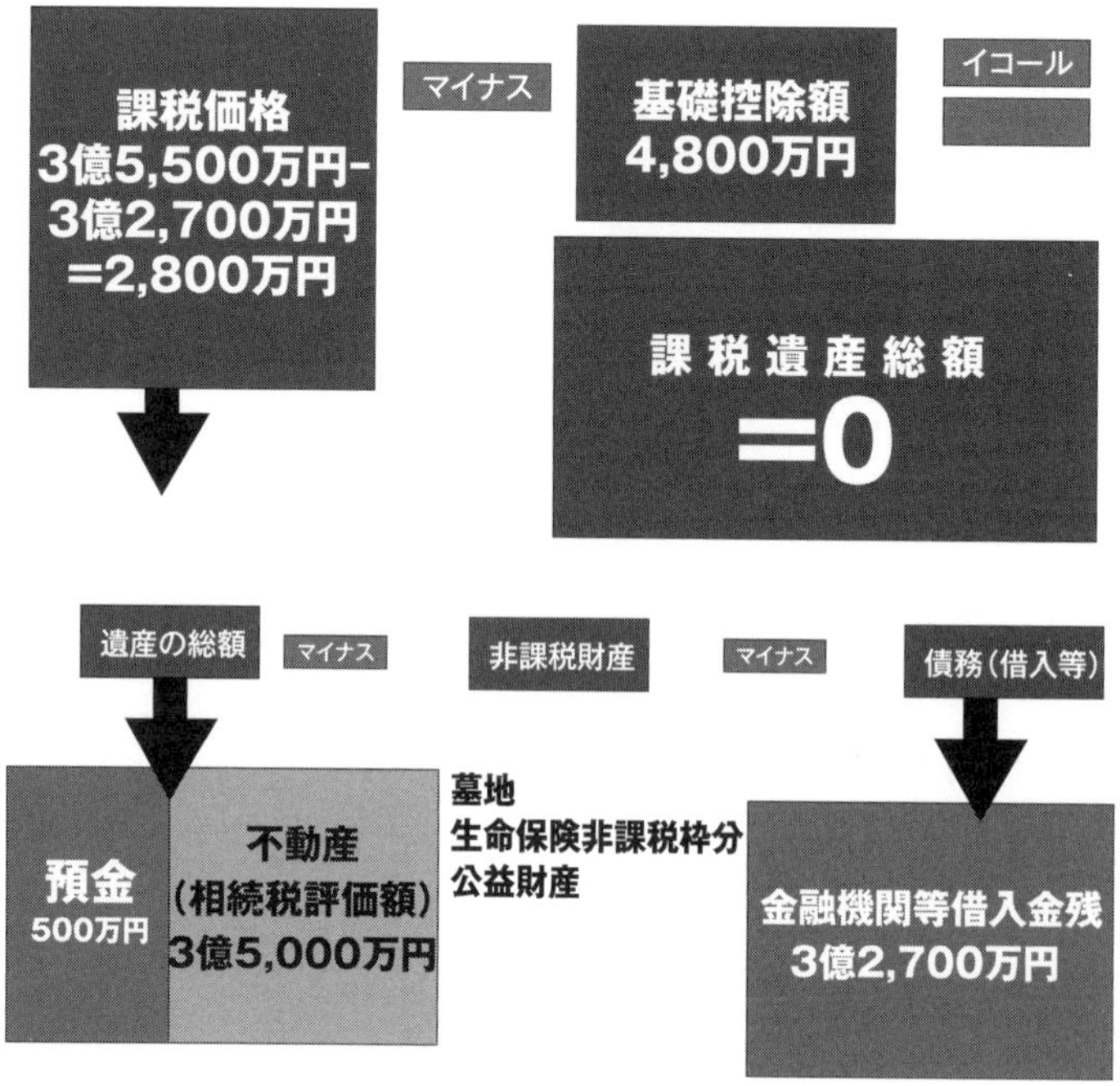

用不動産の小規模宅地の評価減を使うとこんな感じだった。すると、資産から負債を差し引いた純資産は、何と1億2300万円から2800万円になるのである。すると、前述したように基礎控除額は、相続人3人なので3000万円+(600万円×3)=4800万円となり、この時点では、相続税は無税なのである(2800万円<4800万円)。

図35で表すと、こんなイメージだ。これが債務控除を活用した相続対策なのである。

ところが私自身は、60歳で金融機関からの借入金を全額返済して、悠々自適な暮らしを夢見ていたのだが、この相続税を考えると、そんなに楽観的にはなれないのである。

前述したように、相続税は借金と思って計画しなくてはならないという典型的な事例である。

図36は、私が60歳になったときのキャッシュフローとバランスシートである。

図35　私自身40歳の時（相続税評価額）

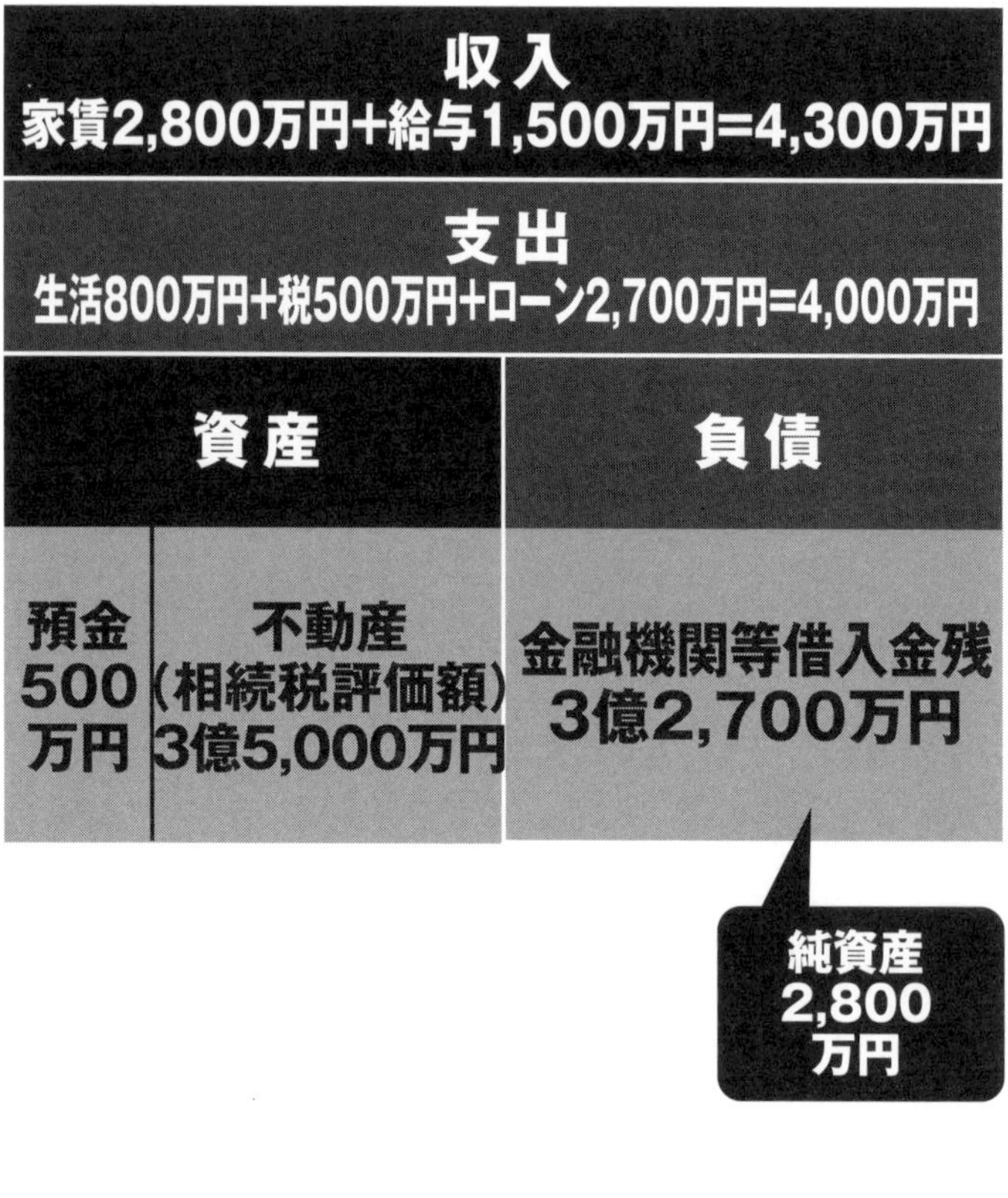

図36　私が60歳の時（相続税評価額）

収入 家賃2,800万円		
支出 生活800万円＋税500万円＝1,300万円		
遺産の総額		債務（借入等）
預金 2,000 万円	不動産 （相続税評価額） 3億5,000万円	金融機関等借入金残 0

純資産　＝　3億7,000万円

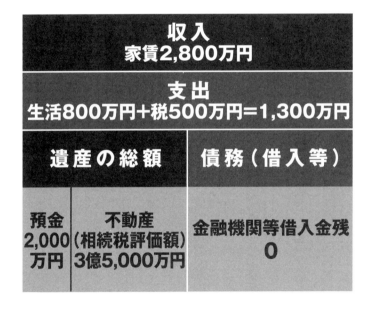

60歳で退職し、給与所得はなくなるが、家賃収入は2800万円ある。生活費は800万円と同じままで、税金を500万円払ったとして支出は1300万円だから、年間1500万円も残ることになる。そして資産はというと、不動産価格は変わらないと考え、預貯金は2000万円ぐらいになっているだろうと想定すると、資産総額は3億7000万円、そして債務は「0」なので、純資産は3億7000万円となる。

すると、相続税の課税計算のシステムでは**図37**のようになり、基礎控除額の4800万円を差し引いて、課税遺産総額は、なんと3億2200万円になるのである。

読者の中には、凄いじゃん！　と思われるかもしれないが、この時点で相続税を計算すると、結構な金額になる。

図38は、前述した相続税の計算式である。せっかくの機会なので覚えておいていただきたい。

まず課税遺産総額の3億2200万円にそれぞれの法定相続分をかけてみる。

図37　相続税の課税計算のシステム

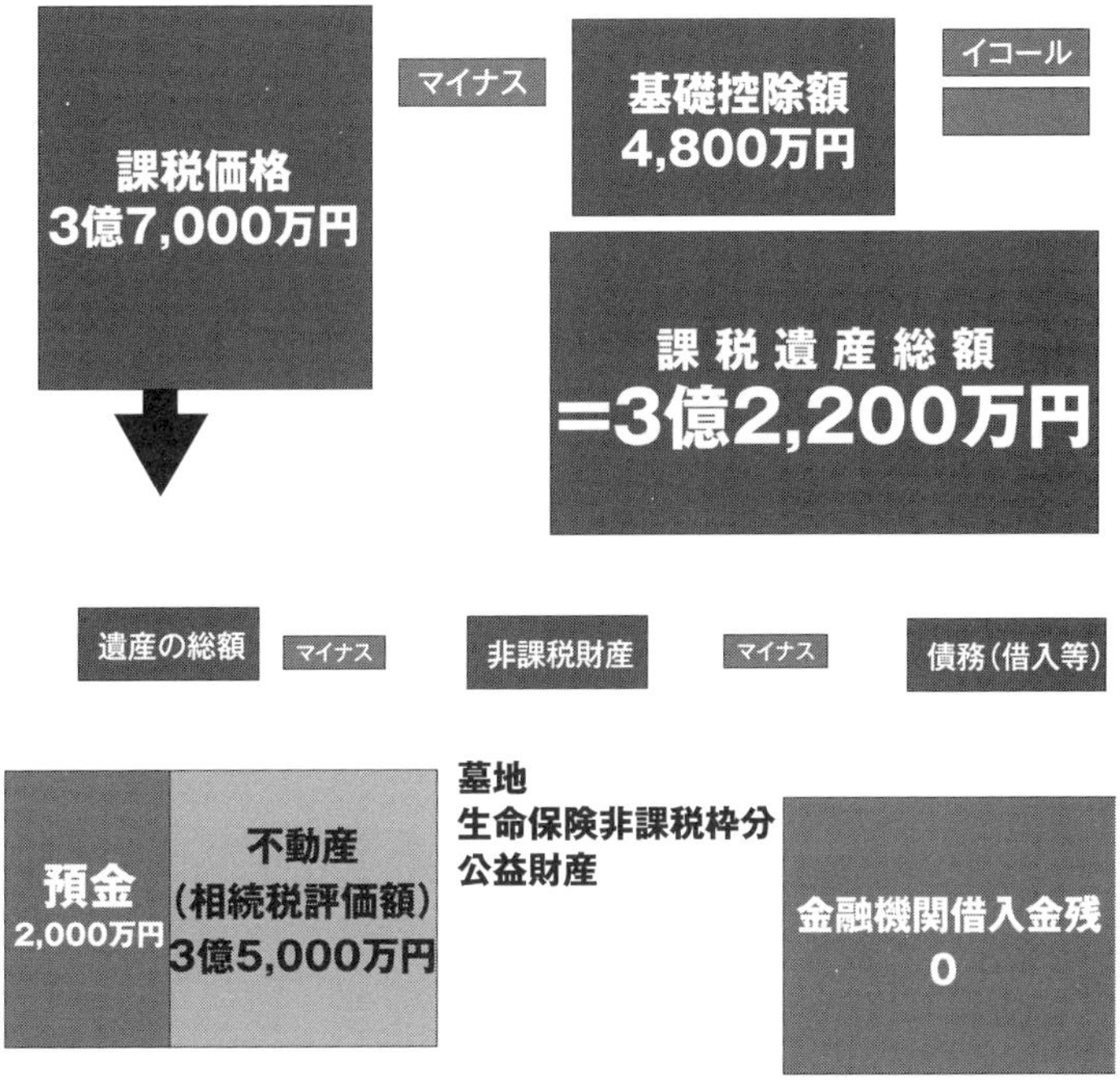

図38

課税遺産総額

課税遺産総額 × それぞれの法定相続分 × 税 率 − 控除額

=それぞれの法定相続分 に応じた税額

それぞれの法定相続分 − **配偶者控除 = 相続税納税額**

に応じた**税額の総額**

法定相続人の取得金額	税 率	控 除 額
1,000万円以下	10%	0万円
3,000万円以下	15%	50万円
5,000万円以下	20%	200万円
1億円以下	**30%**	**700万円**
2億円以下	**40%**	**1,700万円**
3億円以下	45%	2,200万円
6億円以下	50%	4,200万円
6億円超	55%	7,200万円

妻は2分の1なので1億6100万円、これを図のとおりで計算すると、2億円以下なので40%をかけて1700万円を引く。

1億6100万円×40%－1700万円＝4740万円

子どもは2人なので、2分の1の2分の1で4分の1になり、8050万円、これも図のとおりで計算すると、1億円以下なので30%をかけて700万円を引く。

8050万円×30%－700万円＝1715万円、これが2人分なので3430万円になる。

そして、妻の相続税を加算し、この総額は8170万円になることになる。そして配偶者控除というものがあり、妻（配偶者）が相続した遺産のうち、課税対象となるものが1億6000万円までであれば相続税が課税されない制度。もし、1億6000万円を超えても、配偶者の法定相続分（2分の1）までであれば相続税は課税されない。これを、当てはめると、8170万円の2分の1が配偶者控除になるから、納税額は4085万円となる。

どうだろう、大したことがないと思えるのか、いや、大変なことだと思えるのか。

読者によって考え方はさまざまだろうと思うが、私は考えて決断した。

私の場合、親から引き継いだ財産はない。すべて自分自身が構築してきた財産であって、それを取得する際には、不動産購入時の契約時に印紙税（印紙代は納税）を支払い、登記をしたときには登録免許税を支払い、課税財産のときには消費税を支払い、規模が拡大すると事業税を支払い、所得に合わせた累進課税で不動産所得と給与所得を合わせて所得税も支払ってきたわけである。にもかかわらず、自分が亡くなったときには、上記のような過大な相続税を支払うことになるのだ。これは、明らかに二重課税であるといって良い。しかしながら、世の中の金持ちが消費税や相続税の撤廃などを求めたところで、せいぜい国民の5％程度にしか過ぎない世論の意見が取り上げられるわけもなく、かえって相続税は上げられてしまっている。

さて、話を戻して相続税の話である。

先に納税額は4085万円と書いたが、相続税はこれだけではない。私の場合、資産のほとんどが不動産であるから、相続人が何とか納税額を用意できたとしても、二次相続で、さらに相続税がかかることになる。たとえば、相続税を支払うために現金預貯金を貯めたところで、それは遺産総額の増額にあたるから、相続税はさらに上がることになる。

単純に、同じ財産で妻が亡くなると、今度は相続人が2人、配偶者控除は無くなる。

計算ばかりで申し訳ないが、もう少々、お付き合いいただきたい。

妻が私の財産を、きっちり2分の1を相続して亡くなったとする。不動産は3億5000万円の2分の1で1億7500万円、現金預貯金が2000万円の2分の1で1000万円、すると課税価格は1億8500万円になる。そして基礎控除は相続人2人になるので4200万円になる。3000万円＋600万円

×2＝4200万円。これを1億8500万円から差し引いた金額1億4300万円が課税遺産総額となる。これを法定相続分2分の1をかけると7150万円になる。

そこでまた、上記の**図38**に照らし合わせてみると、1億円以下だから、これに30％をかけて、700万円を引いた金額が1445万円となり、2人合わせると2890万円の納税ということになる。

つまり一次相続で4085万円、二次相続で2890万円、合計6975万円の相続税となる。

さらに付け加えると、**図39**は先に書いた私が60歳のときを想定したキャッシュフローとバランスシートである。ここでは支出を生活費800万円とし、税金を500万円としているが、実際には家賃収入は経費を差し引いた金額なので、ほぼそのままが不動産所得になるとすれば、収入は2800万円、個人の税率は**図40**のとおり、40％から279万6000円を引いた金額約840万円の税金に市県民税が加算される。課税所得金額に市民税6％、県民税4・025％の合計

図39

<table>
<tr><td colspan="3">収入
家賃2,800万円</td></tr>
<tr><td colspan="3">支出
生活800万円+税500万円=1,300万円</td></tr>
<tr><td colspan="2">遺産の総額</td><td>債務（借入等）</td></tr>
<tr><td>預金
2,000
万円</td><td>不動産
（相続税評価額）
3億5,000万円</td><td>金融機関等借入金残
0</td></tr>
</table>

図40　令和５年分の所得税の税額表

課税される所得税額	税率	控除額
1,000円から 1,949,000円まで	5%	0円
1,950,000円から 3,299,000円まで	10%	97,500円
3,300,000円から 6,949,000円まで	20%	427,500円
6,650,000円から 8,999,000円まで	23%	636,000円
9,000,000円から 17,999,000円まで	33%	1,536,000円
18,000,000円から 39,999,000円まで	40%	2,796,000円
40,000,000円以上	45%	4,796,000円

※課税される所得金額は、1,000円未満の端数金額を切り捨てた後の金額
（令和５年時点）

10・025%が課税されるから約280万円なので、合計1120万円もの税金を納め続けることになるのである。これを30年間続けると、3億3600万円になるから、せっかく築き上げた財産は、すべて税金でなくなるのと同じだし、途中で亡くなったとしても約7000万円も相続税で消えていくのだから、国や地方自治体がもうかる仕組みになっている。

ここまで読んだ読者とすれば、何となくイメージをつかんでくれたと思うが、はっきり言って、個人で億万長者になった後、引き続き個人で資産を増やし続けることは、税金を取られ続けるという可能性があるのである。当然、税金は納めるのが当たり前なのだが、せっかく築いた資産を後継者に継承させるくらいのことを考えておかなければ、資産は拡大できない。

多くの地主と呼ばれる人たちが、3代で財産がなくなるといわれている所以である。

そこで考えたのが、個人から法人に財産を移すことである。

14 資産管理法人のメリット

法人の場合も、個人の場合も、キャッシュフローとバランスシートの概念は同じだ。

収入が売上となり、支出が経費となる。そして資産は資本となり、負債は負債である。個人と同様に資本から負債を差し引いたのが純資産であり、純資産は内部に残ることになる。では、個人と変わらないのではないかと思われるかもしれないが、似て非なるものだ。

たとえば、個人の場合、ほとんど経費として認められないが、法人の場合は経費として認められる範囲が広い。まず、個人の場合は、個人の収入に対して全部累進税率で所得税が課税されるが、法人の場合、たとえば親族を役員とか従業員にして役員報酬や給料を支払うことで所得分散ができる。先に書いたとおり、所得税は累進課税だから、所得を低くすることで税率が下げられるのである。

また、上記のように親族を役員や社員とした場合、1人あたり5000円以下の飲食代金は会議費として処理できるし、車両を購入すれば、車両も減価償却で経費計上できるし、ガソリン代も、整備代金も経費計上できる。また会社で住宅

図41

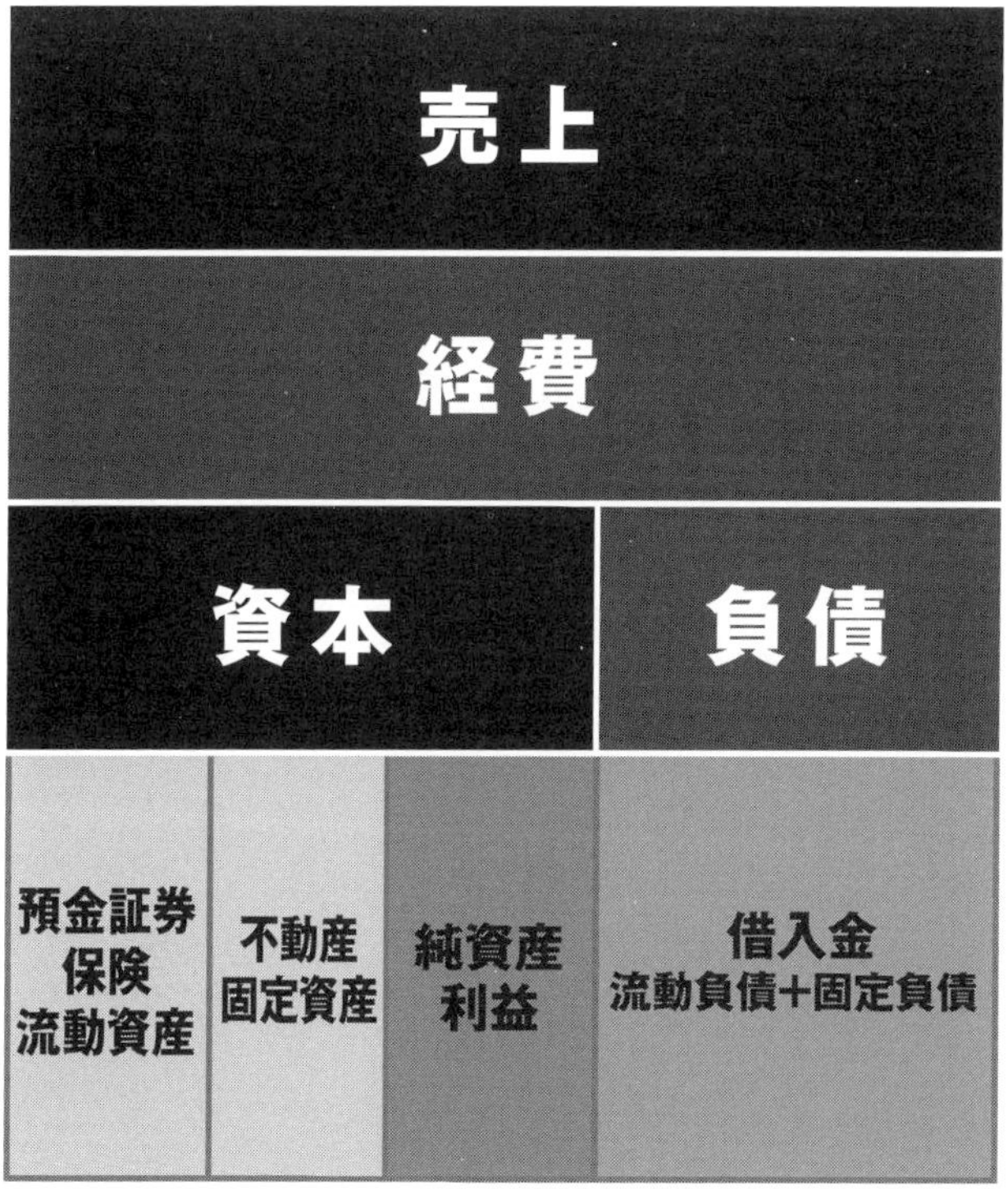

を買って、役員が社宅として借りれば、この住宅の減価償却も経費計上できるし、銀行から借り入れて返済した金利分も経費計上できる。さらに代表者や役員が死亡したときには、死亡退職金控除ができたりする。これらは個人であれば税引き後の収入で支払うことになるから、断然に法人のほうが有利であることはわかっていただけると思う。

もし、不動産投資上の資産管理法人にご興味のある方は、私が監修した「不動産投資と資産管理法人戦略」（プラチナ出版）をご参考にしていただきたい。これを読んでいただければ、さまざまなメリットが理解いただけると思う。本書では、簡易的な内容だけお伝えした。

15

個人の相続税評価と法人の相続税評価の違い

さて、上記で所得税的な件でのメリットをご理解いただけたと思うが、資産管理法人の場合、それだけではない。

不動産を保有して、金融機関から借入れをしている場合、個人の場合は純資産が向上し、相続税がかかるという説明をしてきた。では、法人の場合はどうかというと、やはり同様に純資産は増え続けるが、法人の場合は、個人が出資した株式の株価に対して相続税評価がなされるのである。したがって**図42**のように不動産の含み益（資産）が株価に反映することになる。個人も法人も同じようにも思われるかもしれないが、ここからが大きく違うのである。

法人の場合、先にも書いたが、いろいろな経費が使えると書いた。**図43**のように経費を多大に使えば、利益は少なくなり、純資産は増えない。ここをコントロールするだけで、株価のコントロールはできるのであるが、金融機関の借入れの返済は毎月減ってくるから、売上から経費を差し引いた利益は圧縮できたとしても、やはり株価は上がってしまう。

そこで考えられるのは、役員貸付などで借入金を増やすのである。

図42　不動産投資の含み資産は純利益と同じ

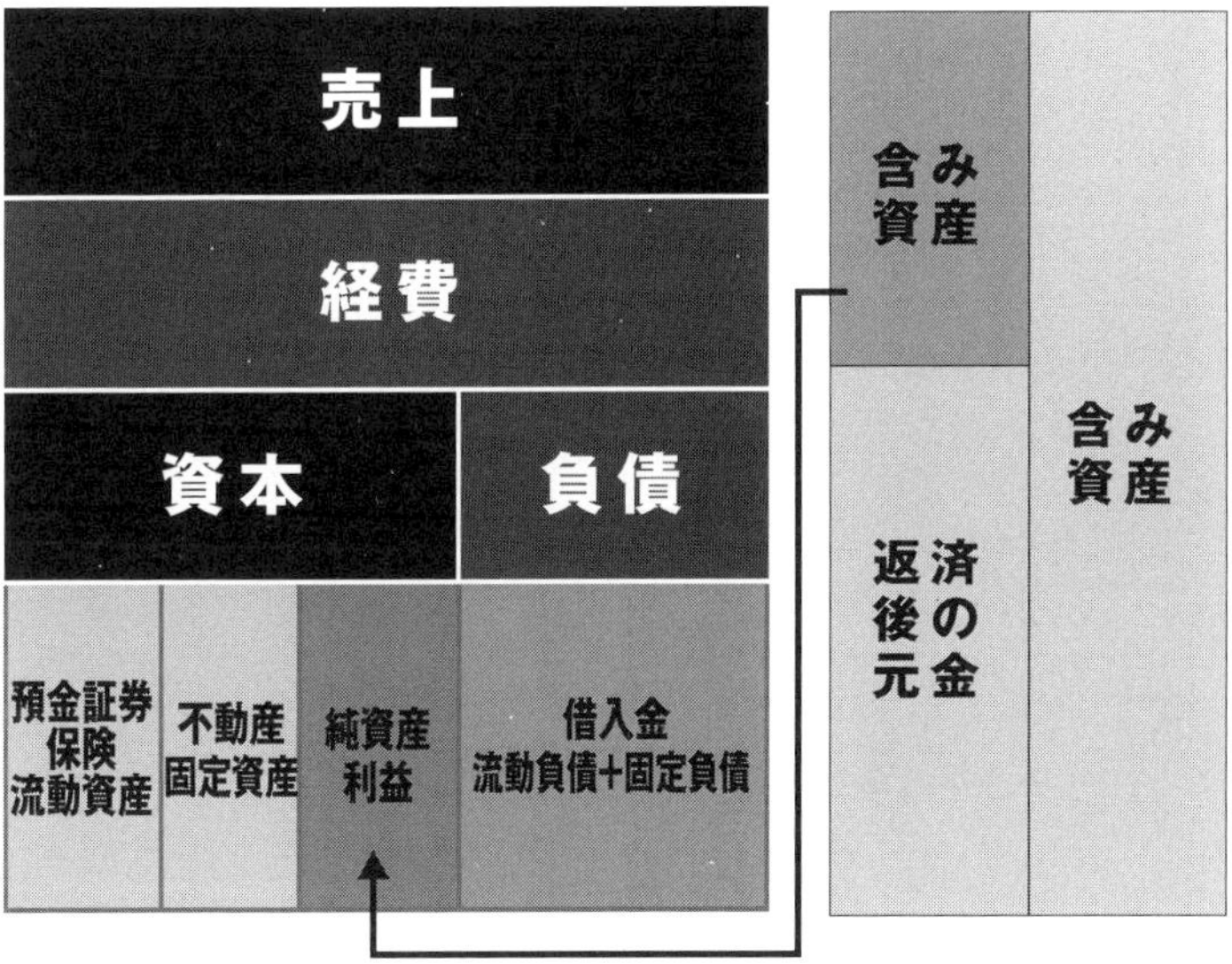

図43　経費と負債のバランス

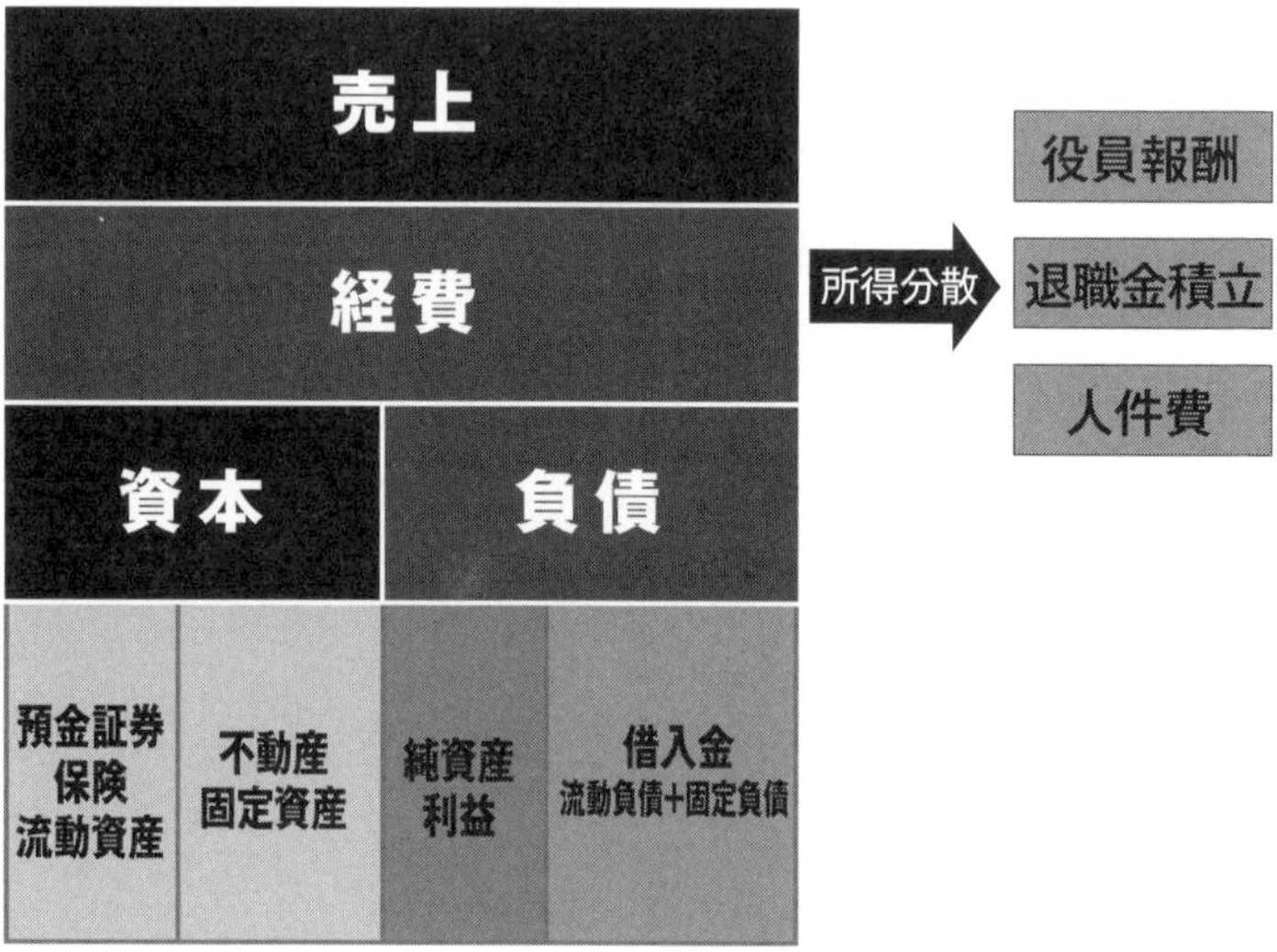

図44は、3億円を1・5％で30年返済、元利均等返済で金融機関から借りた場合の利息と元金の返済分をグラフにしたものである。ここで考えてもらいたいのが、元金の返済部分である。この低金利時代は、ご覧のとおり金利よりも元金の返済のほうが圧倒的に多い。この金額は、会社からお金は出ていってしまうが、経費にならないものである。一方、不動産の建物は、減価償却というものを経費として計上できる。この減価償却は、お金は出ていかないが経費として計上できる。したがって、金利と減価償却と経費が売上を上回っていれば税金はかからないが、元金は金融機関に支払われるから、当然、法人税を支払わないように経費計上すれば、会社のお金が足りないことになる。

よく地主さんで新築アパートを建ててみたは良いけど、お金が残らないばかりか、税金もどんどん上がって苦しい、という方がいるが、これは典型的なこの事例なのである。とくに木造アパートなどは、22年で減価償却が終わる。しかし相続対策と称して建築費を30年のアパートローンを組んでしまうと、かような結果になってしまうのである。

図44

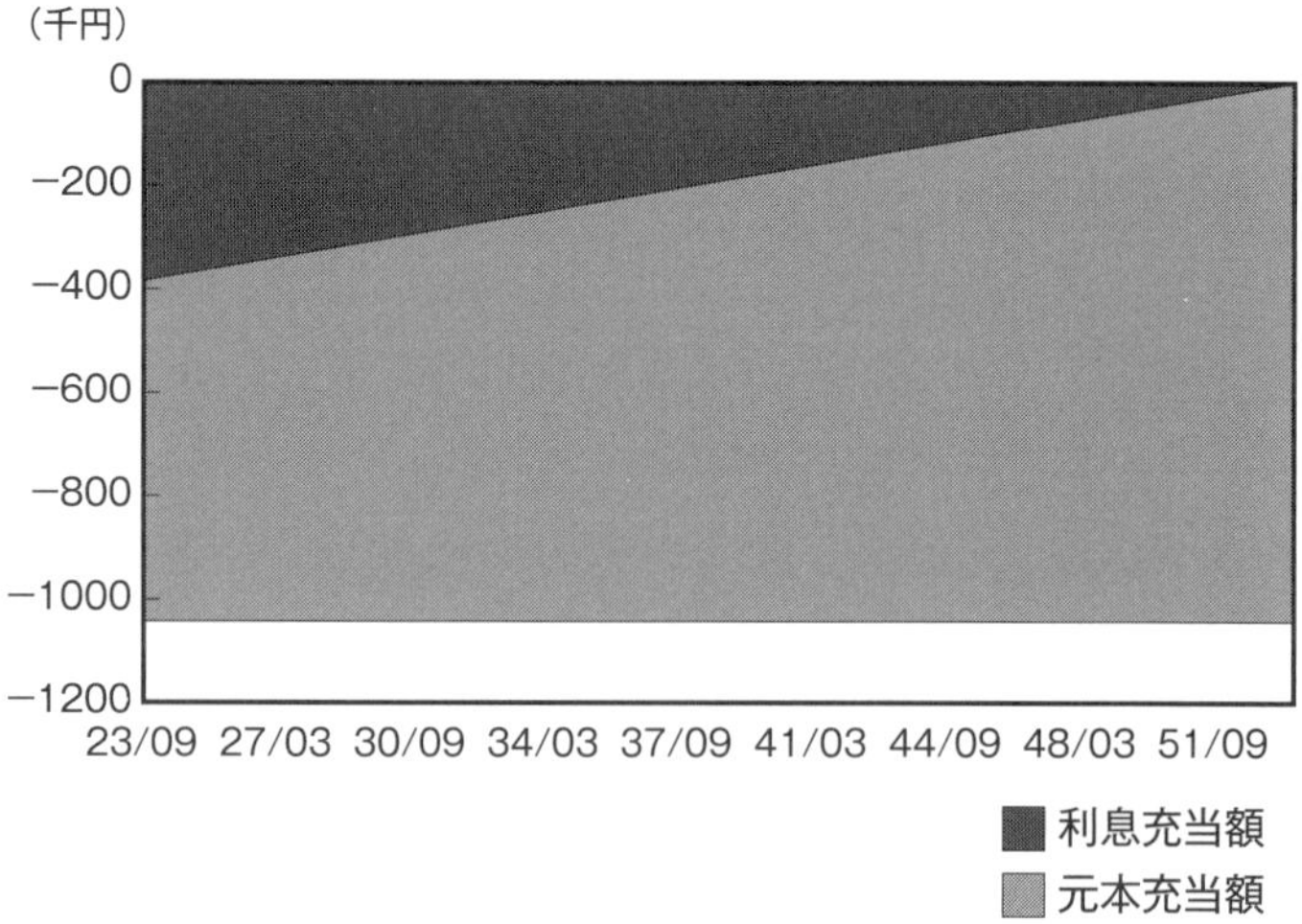
（千円）
0
−200
−400
−600
−800
−1000
−1200
23/09
27/03
30/09
34/03
37/09
41/03
44/09
48/03
51/09
利息充当額
元本充当額

では、どうすれば良いか。

図45のように、経費の中には役員報酬や親族の給料などの支払いをしている場合、これらの役員や社員から会社が借りれば良いのである。つまり、金融機関への返済が進んだ分、親族からの借入れをしたことで、純資産は下がり、株価も下がるから相続対策として有効なのである。

たとえば、この法人の株主が夫、妻や子どもは相続人であり役員や社員だった場合、もともと専業主婦だったり、サラリーマンだったりした場合、この役員報酬や給料は、もともと生活費にあてる必要のないお金だから、所得税を支払った残りは貯金に回るだけである。そのお金に金利をつけて借り入れてあげれば、預貯金の金利より断然高く支払うことができる。この借入金の元金は返さず、金利だけの支払いにすれば、その金利は経費になり、元金の返済はしないから会社の経営も安定する。さらに考えられるのは、相続が発生した後のことである。ある程度、株価が下げられていれば、相続税がかからない。そして金融機関からの借

図45　経費と負債のバランス

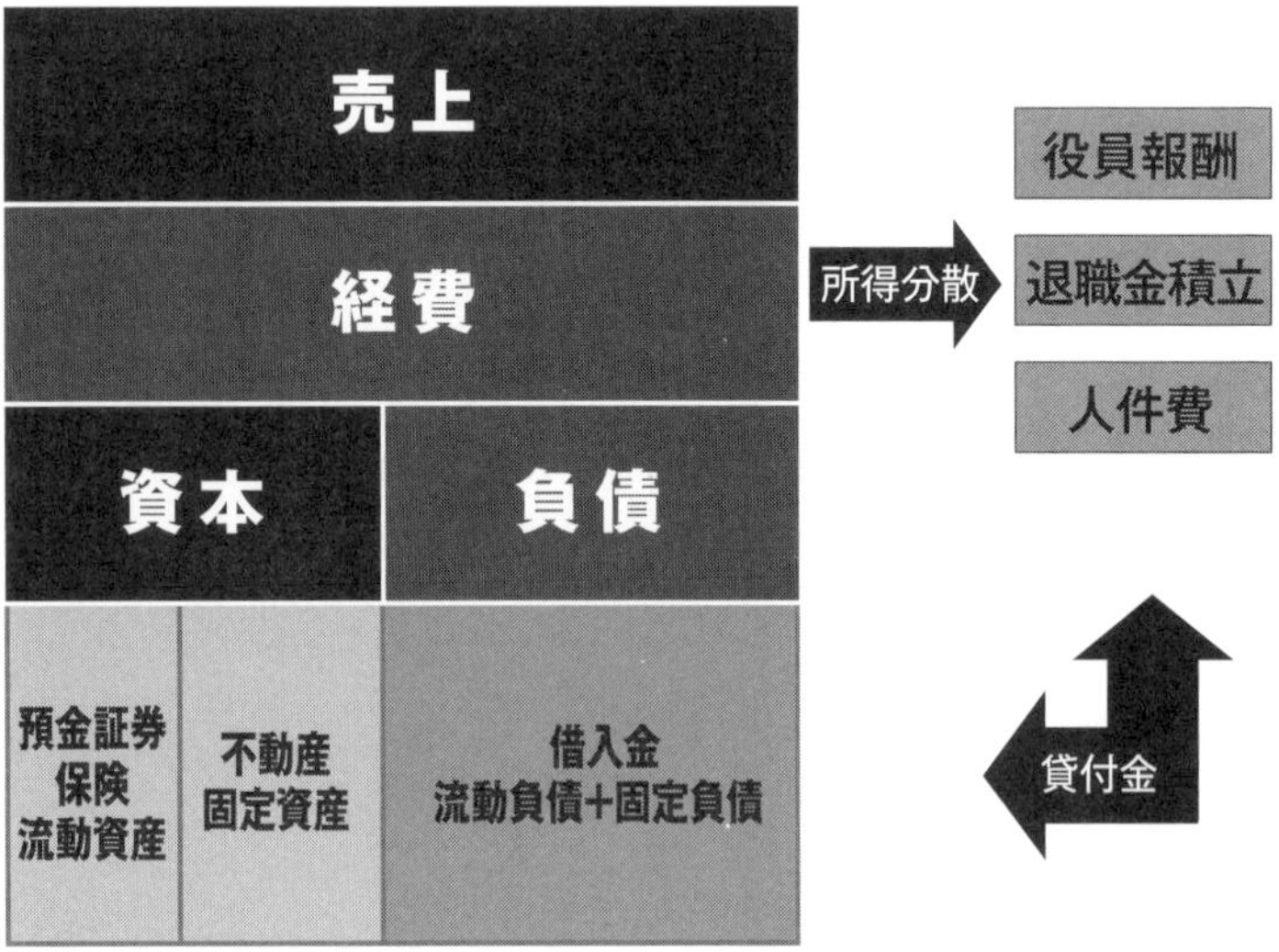

入金の元金の返済が終わってしまえば、貸付けた親族は、その返済が受けられることになり、その返済金は所得ではなく、返済金なのだから税金はかからない。

いかがだろうか。個人と法人の違いが、おわかりになっただろうか。

私は、これに気が付いて、個人の資産を資産管理法人をつくって全部を移してしまったのである。ただ、この移転については、さまざまな経費がかかった。当然、所有権の移転のために契約書を作成し、印紙税を支払い、所有権移転登記することで登録免許税を支払い、銀行には、抵当権の設定のしなおしと手数料を取られ、多額な金額の支払いを余儀なくされたが、結果的に良かったと実感している。

実は、この会社は、M&Aで売却してしまった。

16

規模の拡大とバランス

ここまで書いて、はっと気づいた。

本書の内容は、普通の人が億万長者になれる方法だった。ちょっと、突っ込み過ぎた内容になってしまって、読者はついて来てくれていないのではないか、と思った。

しかし人間、実際に資産が拡大してくると、さらに増やしたいと思ってしまうものだ。

せっかく、ここまで熱心に読んでくれた方のために、現在の私の状況を解説する。


前述したように、私がサラリーマン時代にスタートさせた5億円程度の資産のうち、住宅部分を除いて、法人に売却をした。そして、その会社の資産を増やし、当然、金融機関の借入金も増やして株価を圧縮していたが、この会社を、新たに相続対策で利用したいと考える古くから付き合いのある方に売却したのである。

この場合、不動産は売却する必要はなく、株式を売却するわけだから、税率は約

20％である。不動産の場合は、所有期間が5年を超えれば長期譲渡税率で同様の20％なのだが、法人のM＆Aの場合、私や親族が退職金を受け取ることができるため、納税額に大きな影響が出る。

退職所得控除額の計算は勤続年数で異なる。勤続年数をAとすると、

●20年以下の場合、
40万円×A（80万円に満たない場合には、80万円）、
●20年を超えた場合は、
800万円＋70万円×（A－20年）

という計算になる。

売却した金額は、ここでは書けないが、私の場合、確か12年ぐらい代表取締役をしていたから、40万円×12年で480万円分が控除されるし、妻の退職金もとれるので、この時点で新たな資金が確保できたのである。

また売却した資金は、新たな会社、あるいは既存の法人に出資金として出資しており、同様に株価をコントロールしながら実業を続けている。

17

能力が向上すれば資産拡大には実業のほうが有利

読者の多くは、サラリーマンの方が多いと思う。私もサラリーマン時代を14年ほど行っていたわけだが、実業家となって事業を行うことで格段に資産は増え続けた。

不動産投資の場合のレバレッジは、たとえば1億円の物件を買うと、1000万円ぐらいの投資は必要であるが、事業は1円からできる。もちろん、1円だけでは何もできないが、資本金は1円でもできるようになった。かつては、株式会社の場合、1000万円の資本金が必要だったが、新会社法により1円でも設立できるようになり、株式会社を作るためには取締役3人、監査役1人を選任する必要があったが、現在の会社法では取締役1人でも会社設立できる。そして取締役会の設置も任意となり、必ず設置しなければいけないということもなくなった。しかし、1円の資本金だと、設立費用は捻出できないから、最初から債務超過に陥ることになるので、実質的には、資本金1円の会社設立は難しい。だいたい私の場合は、少なくて300万円、多ければ7000万円を資本にして会社を設立し、その事業を成長させてきた。もちろん、事業が成功しなければ、その投資した資本金はなくなってしまうが、その会社の価値が高くなればM&Aで売却することだってできる。実際に私の場合、起業してから、ほとんど価値のない会社を2社購入し、現在も奮闘中の会社もあるが、そのうちの1社と、自らがかかわったその他の会社を6社ほどM&Aで売却している。1社は、共同で設立した会社を相手方に分けてあげた程度なので利益はないに等しいが、その他の会社は、売却益が出て、その約20%程度の税金を納めてはいるものの、その資金は、相続以前に有効に再投資ができるから、事業が加速度的に成長するようになる。

事業は、資本の厚みで成長し、成功する可能性は高くなるものである。

たとえば、私が設立したCFネッツという会社は、資本金1900万円で設立した。それは、私自身が1000万円、その他の友人知人が900万円の出資で事業をスタートさせた。当初、経営コンサルタント会社としてスタートさせたが、スタート段階で社員2人を抱え、事務所も2箇所で始めたため、意外と経費がかかり、あっという間に１０００万円程度は消えていった。また、私の場合、不動産投資額が過大で、既に事業者ということになり、スタートアップの起業者向けの低金利の融資は受けることができなかった。しかしながら、不動産の担保力があったから、多少、他の人よりは有利な運転資金の調達はできたが、そうでなければ、３年ももたずに資金繰りは悪化し、倒産しているところだった。

起業するということを簡単に考える人がいるが、世の中、そんなに甘くはない。

私の場合は、すでにサラリーマン時代に不動産関連のマニュアルを４冊、そして「賃貸トラブル１１０番」（にじゅういち出版）という著書を出しており、日本全国で講演などもしていたから、そこそこ不動産業界では著名だったし、仲間がいたから、私を信じて資本金を出してくれた人が多かった。もちろん、この方たちに損害を与えることはできないから、サラリーマン時代より、さらに働いた。その結果として、資本金は７０００万円になり、従業員数もグループ全体で

130名を超えるまでに至ったのである。

また、ついでに申し上げておくが、気軽に飲食店で起業する人がいるが、これも、よほどの資本力がないと、簡単な商売ではない。

私自身、前にも書いたが、飲食店経営を目指した時期があり、結局、不動産業者ともめて出店しなかった経緯がある。当時は、若かったから、自己資金は200万円ぐらい、親からも少しは借りられる環境だったから、きっとうまくいくだろう程度の考えだった。実は、いま考えると、実際、そのときにやらなくて良かったと考えている。

飲食店の場合、ある程度利益を上げようとすると、ピーク時の客席数で決まってしまう。たとえば、潜在的顧客が2時間くらいに集中する客数が40人いるとすると2回転で20席が必要である。そこで10席だと、入りきらないから客足は遠のくことになるし、そもそも売上で経費がまかなえない。つまり、飲食店は、ある程度の規模があったほうが有利になるわけだが、その分、賃料や光熱費がかさむことになる。

私は、六本木に「六本木　遊ヶ崎」という日本料理の店を経営していたことがある。場所は、芋洗い坂に面する1階部分で、24席の席数で賃料と光熱費を合わせると毎月100万円が出ていく。それに食材費や人件費を加算すると、毎月300万円は出ていくことになる。客単価は、平均1万2000円ぐらいだから、見た目はもうかっているように見えるかもしれない。しかし、これがもうからない。ようやく利益が出だしたのは、5年を超えたころである。結局、ようやく安定してきたところで、そのエリアが再開発になり、その店舗から立ち退きを迫られ、鎌倉の大船に移転したのである。現在は「鎌倉　遊ヶ崎」という名称で日本料理店をやっているが、また立ち退きになるのが嫌だから、この店舗は、土地建物を購入して営業している。その他にも、現在の私の住まいがある三浦市の三崎港で「三崎港　蔵」という和食の店舗も営業しているが、これも自社所有のものである。

話はそれたが、どちらの店舗も40席以上がゆったりと配置されており、ピーク時の来店数で収益が得られ、また慶事、法事などでも利用される団体席が2階に設けられているから、なんとなく経営できているが、まだ、もうかっているというほどまではいかない。

つまり、どんな事業でも、最初の資本は大事で、数年、余裕がある資金計画が重要だ。

もし、読者の中に起業を考えている方がいたら参考にしてほしいが、まず身内からお金が借りられないような人は、事業はやってはいけないし、そのビジネスモデルに共感をもってくれる人がいなければ起業しては駄目だ。一番なのは、金融機関が喜んでお金を貸してくれるようなビジネスモデルなら良いのだが、現状の金融機関はリスクを取らないから、結局、無理なのである。

18

億万長者になるために
やってはいけないこと

さて、ここまで書き進んできたが、前にも書いたが信用力を落とさないように、消費者金融からの借入れや、無駄なクレジットカードを作らない、また、少額でも支払いなどは滞らないなど、普通の人が陥るリスクを書いたが、いままで私が見ていてかわいそうな人は、連帯保証人で財産のすべてがなくなる人たちである。

ある人の事例を紹介しよう。

この方は、会社の上司が起業するということで、「おまえも、一緒についてきてほしい」ということで、ITのベンチャー企業を一緒に立ち上げた。社長は上司、この方は役員になって、従業員も数名の小さな会社でスタートした。しかし、2年ほどで資金繰りがうまくいかず、社長は賃貸住宅住まいで、お金も不動産も持ってはいない。このままでは、会社が倒産するというときに、この方が役員だという理由で「連帯保証人」を引き受けてしまった。この方は妻も子どももいて、サラリーマン時代に苦労して買ったマンションに住んでいた。結果的に、この会社が借りた借入金は返済ができず、この方の役員報酬も支払われないまま会社は倒産、社長の行方はわからないまま、自宅マンションは競売にかけられてしまったのである。

連帯保証人は、何となく頼まれると、いやとは言えない感じなのだが、絶対にやってはいけない。

とくに最近は、保証会社があるから頼まれることは少ないかもしれないが、賃貸住宅や貸店舗、貸工場など、その賃料自体はたいして大きくない金額かもしれないが、何か月も滞納されると致命的なダメージを受けることになる。そもそも、家族がいるような人は家族に頼めば良いわけで、そこに頼めない事情があるから、他の人に頼みに来るわけだから、本当に連帯保証人はリスクが高い。連帯保証人になったところで、その人にリスクだけがあるだけで、何のメリットもないのだ。

私自身、多くの人たちを見てきたが、本当に連帯保証人は、かわいそうな人たちである。

実際、私の父親が昔、近所の肉屋に頼まれて、３００万円の連帯保証人になった。当時の物価を考えると、現在なら1500万円以上の金額だと思う。いつも親しくしていたし、近所でもあるし、父親が公務員という立場であったので、気軽に連帯保証人になってしまった。しかし、その肉屋は閉店し、家には借金取りがしょっちゅう来るようになった。結局、全部の返済を父親がしたのだが、その後、だいぶ離れたところでその肉屋は、何の挨拶もないばかりか、何事もなかったように肉屋を始めていたのである。父親はカッとなって、その肉屋のところに行こうとしたところ、母親が父親の知人の警察官を呼んで止めさせたので大事にいたらなかった。そのまま母親が止めなかったら、借金の問題以上に重大な結果が生じていたかもしれないし、私の人生も狂っていたかもしれないのである。

私も、何度か連帯保証人を頼まれることはあったが、少しのお金を渡して、お断りすることにしている。それは、連帯保証人の怖さを知っているからである。

次に、異性問題である。

ちょっとしたお金を持つと、異性の問題でトラブルことがあったりする。私の場合、前職会社で管理職になると、接待を受けるようになった。さまざまな関連会社から接待を受けて、夜の街で食事をすることがあった。当然、相手方は、何らかの便宜を図ってもらおうとするのだが、別になんの便宜も図らなかったが、その延長線上で女性のいる店にもよく行った。私としては、あまり熱などいれなかったが、周囲にはかなりの熱を入れている人たちが多くいた。

その人たちは、だいたい、破たんしてしまっている。

サラリーマン時代は、少し出世すると、偉くなった気になって身の丈に合わないお金を使う人がいる。ここは、結構、危険な爆弾が潜んでいるのである。

私自身、多くの破たんした人たちの不動産の処分を行ってきたが、サラリーマンの多くの破たん理由は、ギャンブルと異性関係、そして過剰な支出である。

ここでも、ある人の話をしよう。

彼は、一流の銀行員だった。年収も、当時、1000万円近くあり、夫婦と子ども2人の誰が見ても幸せな家庭だった。しかし、バブル景気（1986年12月から1991年2月の51か月間に、日本で起こった資産価格の上昇と好景気）の当時に一戸建てを購入していたが、その返済が滞り、銀行から差し押さえられてしまった。たまたま私に相談があって、その住宅を任意売却（競売によらないでお互いにメリットのある価格で第三者に売却する手続）の手伝いをしたのである。いろいろ話を聞くと、この方は、まじめに仕事をしていたが、子どもを2人とも私立の高校、大学に進学させていた。親として子どもの将来がかかっているからと、バブル景気の崩壊とともに収入が減り、高額な住宅ローンの返済も厳しく、他の銀行から教育ローンを借りて学費にした。しかし、そもそも厳しい生活の中での短期の教育ローンであったため、返済が厳しくなると、当時、サラ金と呼ばれた高利の消費者金融からの借入れを繰り返し、結果的に住宅ローンも、教育ローンも、消費者金融のローンもすべて支払えずに、破たんしてしまったのである。結局、私がこの住宅を売却して、それぞれの金融機関と交渉して、借入金のすべては解決することができたのだが、そのときの馬鹿な息子の言葉は、今でも覚えている。

「なんでサラ金から借金なんかしたんだよ。かっこ悪い」

結局、子どものために人生を駄目にしてしまった両親なのに、その恩恵を受けて大学を出たはずの長男の意見は、こんな感じだ。

近所の子どもが私立の学校に進学する、近所の人が家を買った、近所の人が外車を買ったなど、人は、どうしても対抗意識を持つものだが、決して、そんな考えをもたないことだ。とくに女性の場合は、ママ友などに左右されるが、その意識が破滅に結びつけるのである。

私の知っている金持ちは、決してそういう意識をもっている人はいない。

なぜ金持ちは、金持ちになったかという単純な考えを持ってもらいたい。

収入以上の支出がなく、その収入が多くて支出が少ないから、金持ちになっているのだ。

ついでなので、もう一つ、教育費についての話をしよう。

ある女性が、私のところに相談に来た。彼女は、50歳を過ぎたころから老後に不安を感じて、不動産投資の可能性についての相談だった。夫の収入も高く、自分も翻訳の仕事をしていて、本人も多少の貯蓄があったが、夫婦で2000万円ぐらいの預貯金しかなかった。いろいろ聞いてみると、やはり教育資金と高額な生活費がかさんでおり、あまり貯蓄には回らなかった。しかし、子どもたちが独立し、ようやく預貯金ができるようになってきたから、夫が定年する前に老後資金を確保したいという内容だった。現在だったら、毎年、200万円ぐらいは余裕で貯金できるし、夫の退職金は3000万円ぐらい出るということだったので、作戦を立てて1億円ぐらいの不動産投資をすることになった。

ここで不動産投資の内訳の話をするのではなく、教育資金の話である。

娘を2人ともに英才教育を行い、有名な高校、大学に進学させ、その際に海外留学をもさせた。子どもたちの希望のとおりの人生のお膳立てをしたまでは良かったが、2人とも、海外で外国人と結婚し、家には戻って来なくなってしまったそうだ。

私に彼女が言った言葉が、いまでも覚えているが

「2人の娘には、我々夫婦の老後に多少の期待をしていましたが、裏切られた気分でいっぱいです」

それに付け加えるように、

「こんなことになるとわかっていれば、そんなに教育熱心にしなければ、かえって老後は安泰だったのかもしれません」

いかがだろうか。こういった経験とは、実際になってみないとわからないことだ。読者が、どの年代なのかはわからないが、私の場合、さまざまな人生を送っている人の相談にのる仕事もしてきたから、鳥瞰的なものの見方ができる。この仕事をしていると、大きく失敗した人か、そこそこ成功してきた、あるいは大成功した人としかかかわらない。失敗した人の多くは、所有の不動産が競売にかけられる人たち、そこそこ成功している人はサラリーマンで住宅を購入し、その後、不動産投資を行って資産を増やす人たち、そして不動産オーナーや会社オーナーで成功している人たちである。それも、大変な数のサンプル事例をもっているか

ら、その人の人生を鳥瞰的に、かつ総体的に判断できるようになった。
結論を申し上げると、失敗した人の多くは、他人に左右され、結果責任他人論な人。

成功してきた人は、他人に左右されず、結果責任自分論の人である。

本書で書いてきた「普通の人が億万長者になれる方法」は、誰にでもできることである。ただ、それができないのは、Cランクの普通の人が他人に左右され、知らないうちにDランクになっていたり、Cランク、Bランクの人が業者にだまされて破たんしたりしてしまうのは、まさに「うまい話」にのってしまった結果であり、現在も続く「銀行にだまされた」と声を上げている人たちは、結果他人論な人たちだ。

19

成功するための潜在意識改革

成功してきたBランク、Aランクの人たちは、努力家であり地道である。私の考える地道というのは、自分の考えで行動し、結果責任はすべて自分にあると考える人たちだ。

私自身、幼少期から学生時代は責任他人論者であった。うまくいかないことについては、学校のせい、社会のせいという考え方が定着していたが、夜学の学生時代に起業したことで、仕事が取れないのは自分のせいだとわかって努力した。世の中の人たちは、責任他人論の人ばかりだから、この人たちと同様な考え方や行動をしていては、何もうまくいかないと悟ったのである。したがって、人がやらない、やれない、難しいと思う仕事を率先して行ってきたわけだが、実は、そこにチャンスが潜んでいたのである。

チャンスとは、誰にでもあるわけではない。努力して、見い出せた人だけに際限なく現れるものである。

読者の中には、サラリーマンの方々が多くいると思う。そこで、私が経験した処世術を伝授しよう。

若干、くり返しになるが、私は14年間、不動産の住宅販売の会社に従事していた。

その会社に中途採用されて、入社当日、事務所で漫画の週刊誌を読んでいた店長にやめさせるように意見を述べてけんかとなったが、結果、事務所の仕事場としての倫理観を改革できた。また、その会社のロゴマークの見た目のデザインが不快な感じだったので、ロゴマークの改善を提案して、結果的に、その会社のロゴマークのデザインを考案して採用され、新聞の折り込み広告の仕方について提案し、結局、広告の編集責任を任されることになった。この仕事は、最初の3年間で「営業」の仕事との兼任である。普通は、「営業」の仕事なのだから、売上げを上げていれば足りるはずで、そんな仕事までやる必要もないのだが、3年経ったら辞めるといって入社し、本当に3年で独立することを考えていたから、必死でいろんな仕事にチャレンジした。そして、成果も出した。営業では、2位と格差をつけてトップ営業マンだったし、広告活動も成果があったし、出店計画なども、看板のデザインなどで従来の店舗と違ったあか抜けたものとなった。その成果をもって、経営者とは近い関係で仕事ができた。ここまでは、自分自身で気付いていたチャンスをものにしてきたものと考えられる。

そして3年経って、自信をつけて退職の意を経営者に伝えたところ、営業職から管理者となって経営の勉強をしたらどうだというような提案を受け、企画課長になって、従来の広告の仕事と大学新卒者獲得のリクルート活動を手掛け、出店計画なども積極的に行うようになった。

ここまでは自分自身の意思で行ってきたことであるが、ある日、突然、その会社でトラブルが起こって、それによって、私の意思と関係しない岐路が生じたのだ。

駅前の公団のマンションに暴力団の組事務所を入れてしまったのだ。

結局、その担当者は辞めてしまうし、その上司も、その解決に向けて頑張ったものの、精神的に病んでアルコール依存がひどくなって辞めてしまって、私が解決する羽目になってしまったのである。この件は、結果的に弁護士と相談しながら法的手続をもって解決したのだが、その後、その会社の賃貸仲介部門と賃貸管理部門を任されることになった。

このとき、その会社のメインであった住宅販売部門の元トップ営業マンで、さらに投資案件や開発案件の億単位の不動産の取り扱いを行っていたことで、この地味な賃貸管理の仕事など全く興味はなかったから、即答して引き受けることはなかった。しかし、前記の暴力団の組事務所を退去させるのに時間を要し、かつ法的手続の困難さや建物賃貸借契約における賃借人の不当に保護されている立場、そして契約違反に対する指摘ができない契約書の存在などに気付き、この部分を改善させることは、当時、非常に社会的地位が低かった不動産業者の多くの従業員を救うものとなることを確信し、本来、3年経ったら辞めると宣言して入った会社に14年間もいることになったのである。

この業務の改善には、非常に困難なことが多数あった。業務の困難さに比べて所得が低く、辞めていく社員もたくさんいた。法的知識が乏しく、解決策が見つからないまま、時間だけが経過し、仕事は解決する以上にやらざるを得ない仕事が積み重なって、押しつぶされそうになる毎日。かといって、仕事が溜まり続けるので、まともに休みも取れない状況が続く。

そこで考えたのが、業務のマニュアル化である。

法的知識の乏しさは、マニュアル化したものを見れば解決できるようにし、後々、トラブルが生じないような建物賃貸借契約書を作成し、さらに法的手続の書式もマニュアル化した。このマニュアルと書式類が完成した途端、業務のスピードが改善し、ベテラン社員が部下を指導することができるようになった。

そして、その業務の改善についての講演の依頼があり、さらに、このマニュアルを出版してほしいとのことで、時間をかけて執筆し、出版した。すると、今度は、このマニュアル集が好評となり、立て続けに4冊も出版したから、さらに日本全国で講演依頼が増え続けた。そうこうしているうちに、今度は、賃貸トラブルの解決の本を書いてくれと言われて1998年に出版された「賃貸トラブル110番」(にじゅういち出版)を出版した。今度は、マニュアル集ではなく一般書店に並ぶ本で1万部が発刊され、この本が出た段階で、あの北野武（ビートたけし）さんの「ここが変だよ日本人」という番組に呼ばれて外国人の賃貸トラブルを解説したことで、テレビ番組に呼ばれるようになり、さらにラジオ番組にも呼ばれるようになった。

同じ人間なのに、価値が変わることがある。

最初の講演は、お車代程度で2時間の講演で3万円ぐらい。本が出たところで、それが5万円から10万円になる。そしてテレビに出ると知名度が上がり、最低でも30万円になり、さらに知名度が上がると、広告代理店が入って80万円くらいになる。さらにテレビ出演が増えてくれば、もっと上がることもあるかもしれないが、何となくバラエティ番組に出演すること自体が、自分の趣旨と違うのでお断りをし、ニュース番組などに限定して引き受けるようにしたため、出演回数は減ってしまった。しかし、その分、実業に力を入れたから今があるのである。

なぁんだ、倉橋会長は、やっぱり普通の人じゃないじゃないか、と思わないでほしい。

ここまでの実行してきた業績や著名人になれた事情、そして5億円程度の不動産投資ができたのは、すべてサラリーマン時代のことであり、かつ、私自身は25歳で中途採用された出遅れ社会人なのである。

実際、やればできる話なのだ。

努力した結果は、必ず成果となって表れることを経験し、また、成果となってすぐには表れないが、違う結果として表れることに気付いたのである。

人生の中で、偶然はなく、必然性を感じている。

くり返しになるが、学生時代に陸送と輸出の仕事で起業したが、ＣＯＣＯＭ規制で廃業し、飲食店経営を目指すも不動産業者ともめて断念し、結果的に不動産業者に就職。3年経ったら独立して不動産屋を目指すも、引き止められて14年もその会社にいた。その間、広告活動やリクルート活動、出店計画を進めるも、賃貸管理の部門でトラブルを抱え、誰にも処理ができずに私に任されることになった。最初は、やりたくもない仕事だったが、結局、その仕事をやったことで格段にスキルが上がり、33歳のときにマニュアル集の出版の話が浮上して、出版の話にのった。そこから人生が大きく変わったのである。

今どきは、「働き方改革」という名目で残業が制限され、休日も増えているから、仕事の時間数が極端に減っているが、私は、経験則上、20代（Cランク）になるべく早くスキルを上げることで30代（Bランク）の基盤ができ、40代、50代ではリーダーシップ（Bランク～Aランク）がとれるようになるものと確信している。

そして、夢は、必ず実現する。

必然性について、ちょっとだけ、お話ししよう。

私は、幼少のころ、長屋に住んでいて、毎月、隣に住む大家さんの家に母親と一緒に家賃を届けに行っていた。ここで、疑問に思ったのは、何かを買いに行ったとき、お金を払えば商品を手にして帰るのに、ここでは大家さんにお金を払っても何もくれることはない。私は不思議に思い「なんで、隣の人にいつもお金を払いに行くの？」と聞いたことがあった。母親は「これは家賃といって、この家に住むために払うお金だよ」と説明を受け、私は大きくなったら大家さんになろうと思ったことがある。

また、家の近くには、海から川につながる入り江があり、そこにはプレジャーボートやヨットが係留されていて、そこに友だちとよく行ったが、その船には気さくなおじさんがいて「ぼうず、これ食いな」といって、いつもおいしいものをご馳走してくれた。周りの人たちは、食べるのがやっとの生活をしているのに、何でこの人たちだけ豊かな生活ができるのだろうと不思議で仕方がなかったが、私も将来、このような人になれたらいいなと思い、友だちと、将来、一緒に船を買おうなどと夢を語っていた。

この子どものころの夢は、実現している。

実際、今では、その大家さんより遥かに物件数は多く所有する大家であり、日本造船史上最大級のヨット「翔鴎（かもめとぶ）号」を所有している。

子どものころに考えた夢は、潜在意識の中に刷り込まれており、自然と行動する際の規範となることが多いように感じる。だから、子どものころの考えは重要であり、良くも悪くも思うようになってしまうのである。

また、私は、国語と社会の成績は5段階で「2」である。

しかしながら、社会に出た仕事が、突然、キャンセルになることが多く、そのときに、遊ぶのではなく、小説家になろうなどと考えて文書を書くようになった。もちろん、売れることはなかったが、コピーライターのコンテストで賞を取ったこともある。この修練が、先に書いたマニュアルの出版の仕事がきたときに、即座に「やりましょう！」と言えた基礎になっている。現在、この本が出版されると34冊目になる。

また、現在、ＹｏｕＴｕｂｅの「実業家倉橋隆行チャンネル」というのを配信しているが、不動産のことだけではなく社会情勢の解説なども行っている。それは、社会の勉強を通じて疑問ばかりを持っていたから、学校の成績は悪かったものの、根っから研究熱心な性格で、日本の幕末の研究から始まり、さまざまな疑問点を日本各地を回って研究した。むしろ、疑問点があったから事実と照らし合わせた研究ができたわけであって、それによって自らの価値を高められている。

いかがだろうか。

私の幼少のころ、そして学生のころからは、現在の私は想像がつかないくらい変わっているのがわかると思う。

なぜ、こんな人生に変革できたのか。

簡単な話である。

考え方を変えただけである。

自分の生息するエリアをDランクからCランクへ。そして、CランクからBランクへ。そして、Aランクに移してきた。この場合、当たり前だが、Bランクになりたいなら Bランクの人と付き合わなければいけないし、Aランクになりたいなら Aランクの人と付き合う環境に自らが飛び込んでいくしかないのである。

ただし、昨今のSNS等で、自らをセレブのように立ち振る舞う連中には注意が必要だ。彼らの目的は、自らの商売に誘い込むための偽装である。本当の意味での実業の世界で環境を変えるのである。

たとえば、仕事をしているのでも、同僚と付き合うのではなく目上の人と付き合うことだ。私の場合は、Cランクのときに、Bランク、Aランクの顧客と接することができたから、よく一緒に会食に誘われて出かけていた。

では、なぜ、誘われるようになったか。

これは、仕事で実力が付いたからである。結構、皆さん、勘違いされるが、特にAランクの人たちというのは、友だち感情などない。相手が役に立つか立たないかで付き合い方が決まる。無能な人たちが参加できるコミュニティではない。たとえば、地主とか不動産会社の社長とかは、意外と相談相手が少ないばかりか、税金関係に疎い人が多い。私の場合、自ら不動産投資を行っていたし、資産税関係の相談にのることが多かった。世の中の税理士の多くは、個人や企業の決算が中心であって、皆さんが思っているほど、相続税対策や事業継承に有利な方法などを知らない。そこで、私と知り合った会社経営者や地主（不動産オーナー）は、何かにつけて私に連絡してきて相談にのることが多い。実は、今でも一部の方々の相談はのり続けている。

つまりBランクの人がCランクの人に相談を持ち掛けることはないし、Aランクの人がBランクやCランクの人に相談することはない。

しかし、Bランクの人たちは、Cランクの人たちの相談にはのってくれる。

その際に必要なのは、「謙虚さ」と「かわいげ」が必要だ。

有名な大学を出たとか、何かに秀でた実力があるとかの人ほど、人にものを聞いたりするのをプライドが許さなかったりする。

これが、最大の障壁になるのである。

私の場合、学歴もなければ、何の実績もないときには、いろんな人に聞いて実力をつけてきた。それも、ただ単にものを聞くということではなく、それなりの見返りを与えないと長い付き合いはできない。

たとえば、入社してすぐのときに、忙しそうに書類を作成している上司に、「その書類作成を手伝わせてもらえませんか」と伝えて、手伝いながら仕事を教えてもらう。すると上司は、自分の仕事を手伝ってもらうわけだし、本来、自分の仕事だから間違えるわけにはいかない。したがって、しっかりとした仕事が身に付くのである。

この手法によって、自分より目上の人とのコミュニケーションがとれ、そこで実力が付けば、働くステージが変わることになる。つまり、Cランクの人がBランクに上がることができる。

同様にBランクの人がAランクの人とのコミュニケーションもとれるようになる。

たとえば、私の場合、賃貸管理の仕事をしていた時に、多くの地主や不動産オーナーの賃貸トラブルを解決していた。ここでは詳細に触れないが、賃貸トラブルの解決には、多くの打ち合わせと書面のやり取りがあり、よく自宅に招かれることがあった。その際に、賃貸トラブルの解決だけではなく、相続対策の仕事で、不動産の売買やアパートの建築なども行うことができた。それは難しいことではなく、賃貸トラブルの解決を行っており、その部分では実力が発揮できていたから「その仕事、やらせてもらえませんか」とか、「それ、勉強させてください」と言えば、ほとんどの仕事がとれた。


つまり、すべて成功するには「give（与える）」が先だということ。

多くの社会人は「学ぶこと」は「教えてもらうこと」だと勘違いしている。「学ぶこと」は、「知識を取りに行くこと」である。

社会に出た段階で、教科書というものはなく、黙っていても誰も教えてくれない。取りに行く力がスキルを上げることになる。それには「謙虚さ」と「かわいげ」が必要であり、「傲慢」だったり、「横柄」だったりしては、絶対に成功できない。

人間、生まれて死ぬまでしかない。

時間は、すべての人に平等に与えられている。

与えられた時間を、楽しむのも、苦しむのも自分しだい。

実は、お金も、チャンスも平等に与えられている。

しかし、そのチャンスをつかむ人とつかめない人がいるだけだ。

チャンスは、努力した人だけに見えるものである。

そして、お金は、お金があったからといって幸せではない。
ただ、多くの不幸の原因は回避できる。
お金だけを求めて、人生を棒に振るようなことがないよう
計画的に、資産形成を行っていこう。
「普通の人」には、大きな未来がある。
ぜひ、本書をもって、豊かな未来を構築してほしい。

おわりに

最後までお読みいただき、いかがだったろうか。

若干、不動産投資の専門用語などが難解だったかもしれないが、慣れれば難しいものではない。本書は、私の経験則上の話で読者に参考となるべきものを書いた。だからといって属人化したものではなく、このやり方さえ知っておけば、「普通の人が億万長者になれる」方法なのである。

しかしながら本書の中で書かせてもらったように、属性の良い人でも失敗する理由は、不動産投資の本質的な部分と物件の選定方法がわからずに、結果、騙されることが多いからだ。

そこでCFネッツでは「個別相談」といって、不動産投資や住宅購入する前にコンサルタントと意見調整して、目的にあった不動産購入についての相談を行っている。そこで方針が決まれば、まずは金融機関への融資の打診を行い、ある程度、予算が決まり次第、そのコンサルタントが物件を探して紹介する仕組みになっている。

かようなことを書くと、「この本はCFネッツに勧誘するための本だ」などと思われる方もいるだろうが、私は、そのような評価でも構わないと思っている。なぜなら、せっかく私自身が日本で最初に不動産投資の著書を出版し、現在、多くの方々が不動産投資の文化を形成させてきているにもかかわらず、いまだ詐欺的手法によって騙される人が多く存在するからである。

本書の中でも書かせていただいたが、世界の常識は「不動産投資が一番リスクが低い」というのに、日本では、この文化が定着できないでいる。CFネッツの顧客では、すでに不動産投資を行っている1200人を超える人たちで、失敗している人は誰もいない。これは、本書で公言できるのである。

本書を購入していただき、最後までお読みいただいた方には、無料で個別相談が受けられるようにしておくので、ぜひ、一度、その気になったら、お声がけいただきたい。

ＣＦネッツのオフィスは、東京、神奈川、名古屋、大阪にあり、加盟店のコンサルティングデスクが、富山、埼玉、鳥取、福岡、沖縄にあり、不動産に関するプロのコンサルタントが対応できるようになっている。ＣＦネッツのホームページでも申し込みができるようになっているが、お電話でのお申し込みは、０１２０―１７７―２１３企画開発部までご連絡をいただきたい。

読者の皆さんを、確実に億万長者にしますので、どうぞ、お楽しみに！

令和５年８月

三崎の自宅オフィスにて

倉橋　隆行

倉橋　隆行（くらはし　たかゆき）

シー・エフ・ネッツグループ　会長
株式会社 CF-1　代表取締役
株式会社 ペニンシュラヒルズ　代表取締役
ほか多数の会社の役員兼任
公益財団法人国策研究会　理事
三浦商工会議所　議員
2002年IREM−JAPAN会長

1958年生まれ。CFネッツグループ会長であり、グループ企業十数社を率いる現役の実業家。20社を超える起業に携わり、複数の事業再生案件も成功させている経営コンサルタントでもある。

自ら渡米して国際ライセンスのCPM（Certified　Property Manager ）を日本人で初めて取得しており、現IREM−JAPANの創生に携わり、2002年の会長に就任。

1995年には、日本で初めて賃貸仲介と管理マニュアルを出版し、本書で作成された建物賃貸借契約書等の書式が全国で採用され、日本におけるプロパティマネジメント業務の近代化に取り組んだPMの第一人者でもある。

2000年には、日本で初めての不動産コンサルタント会社CFネッツを創業。

不動産コンサルティング業の第一人者でもあり、2000年に発行された「アッと驚く不動産投資」（住宅新報社）は日本で初めての不動産投資の著書であり、不動産投資の分野でも第一人者である。不動産投資から不動産全般の法律問題、相続対策、建築コンサルティング等や、建設、不動産業者向けの経営コンサルティングで抜群の成果を誇る経営コンサルタントとしても活躍中。さらに執筆活動やテレビ出演、日本全国で講演なども行っている。不動産投資家としても著名であり、また「三崎港蔵」「鎌倉 遊ヶ崎」などの飲食店の経営も手掛け、美食家としても知られ、プロデュースした店舗がミシュランガイドに掲載されている。

テレビ出演では「ここが変だよ日本人」「ジェネレーションジャングル」「ワールドビジネスサテライト」「大人の歩き方」「ここが知りたい不動産」などに出演し、ラジオではFMヨコハマの「ここが知りたい不動産」にレギュラー出演している。

著書には「賃貸トラブル110番」「やっぱり不動産投資が一番」「不動産投資、成功の方程式」「お金に困らない人生設計」「損しない相続　遺言・相続税の正しい知識」「プロが教えるアッと驚く不動産投資」「馬鹿に効く薬」「生島ヒロシの相続一直線」「教訓」「賃貸トラブル解決の手続きと方法」ほか多数。その他、絵本「ポーチとピース」ボードゲーム「ピースフル」なども手がけている。

普通の人が億万長者になれる方法

2023年8月26日　初版発行
2023年12月8日　初版第2刷発行

著　者　　倉　橋　　隆　行
発行人　　今　井　　修
印　刷　　モリモト印刷株式会社
発行所　　プラチナ出版株式会社
〒104-0031　東京都中央区京橋3丁目9－7
京橋鈴木ビル7F
TEL 03-3561-0200　FAX03-6264-4644
http://www.platinum-pub.co.jp

落丁・乱丁はお取り替えします。

ISBN978-4-909357-88-5